百余年最受读者喜爱的精品美文

中国最美的散文

南怀苏◎编

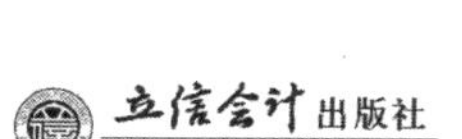

图书在版编目（CIP）数据

中国最美的散文 / 南怀苏编. —上海：立信会计出版社，2012.3

(时光文库)

ISBN 978-7-5429-3398-0

Ⅰ. ①中…　Ⅱ. ①南…　Ⅲ. ①散文集–中国　Ⅳ. ①I26

中国版本图书馆CIP数据核字（2012）第043021号

策划编辑　蔡伟莉
责任编辑　蔡伟莉
封面设计　久品轩

中国最美的散文

出版发行　立信会计出版社
地　　址　上海市中山西路2230号　　邮政编码　200235
电　　话　（021）64411389　　传　　真　（021）64411325
网　　址　www.lixinaph.com　　电子邮箱　lxaph@sh163.net
网上书店　www.shlx.net　　电　　话　（021）64411071
经　　销　各地新华书店

印　　刷　北京欣睿虹彩印刷有限公司
开　　本　880毫米×1230毫米　1/32
印　　张　11
字　　数　179千字
版　　次　2012年3月第1版
印　　次　2018年2月第5次
书　　号　ISBN 978-7-5429-3398-0/I
定　　价　18.80元

前　言

散文是文学殿堂中一种影响广泛、备受广大读者青睐的文体。古今中外的文学大师们，以其洞幽入微的观察力、超脱尘世的秉性、细腻激扬的情愫，凭藉生花的妙笔，写下了无数文采斐然、脍炙人口的散文名篇。这些经历了时间考验的散文佳作，不仅丰富了世界文学宝库，而且还感染和影响了成千上万的人们，给人们以精神上的享受和艺术上的熏陶。

“读一部好书，就是和许多高尚的人在谈话”(歌德语)，读一篇优美的散文，就是和一颗至纯至美的心灵在晤谈。散文，是感悟的渗透，是思想的火花，是理念的凝聚，是睿智的结晶。它不仅具有美文的美感，更具有很深的哲理韵味。它不仅是作者的感情抒发，更渗透了作者的思想理念，具有极高的思想价值。

散文包容万千，不仅讴歌自然，更穿透人生，解剖社会。它不仅寄寓了人生百态的家长里短，更闪现出思维领域的万千景观。它不仅能吸引读者、陶冶性情，更能发人深思，启迪人生。它不仅能让大家获得美好的享受、文化的熏陶，更能让大家参悟生活的智慧，培养自己的人文精神。

在充满竞争和诱惑的现代社会，不断汲取知识的营养，提高自身的素质，已成为大多数人的共识。散文作为文学殿堂中一种举足轻重、影响广泛的文体，是人们不可或缺的精神食粮之一。因为优秀的散文，是文学大师们至情至性的杰作，它们或讴歌自然，或解析社会；或赞颂真善美，或鞭挞假恶丑，其优美文辞的背后，总是蕴蓄或阐释着深刻的自然或社会哲理，给人以思想上的启迪和行为上的观照。一个人在其一生中，阅读若干篇文辞优美、思想深邃的散文，不仅可以开阔自己的视野，拓宽自己的知识面，还可以净化自己的思想，荡涤自己的心灵，从而摆脱尘世观念的侵染，使自己的思想进入一个高尚博大的境界，以此静观社会，审视人生，检视自己的言语和行为，使自己的人生臻于完美。

然而，优秀的散文如漫天繁星，总会令人应接不暇，又唯恐落得沧海遗珠之憾。为了让读者感受中国最美散文的风格和魅力，使读者获得美好的享受，汲取更多有益的精神食粮，我们精心汇编了这本文集。

本书提炼的散文不仅是被公认的上乘之作，更分门别类，意蕴宽广。此外，每一篇散文更是加入了编者的心路花语，与读者分享。我们诚挚地期望，通过本书，能够引领读者登堂入室，管中窥豹，领略中外散文的真貌，同时启迪心智，陶冶性情，进而提高个人的审美意识、文学素养、写作水平、鉴赏能力、人生品位，为自己的人生添上光彩亮丽的一笔。

目　录

第一辑
放飞心灵，感悟人生

第二辑
用心聆听自然的声音

第三辑
关爱如雨，润物无声

第四辑 爱情的果实醉人地甜

第五辑
生活像一条流淌的河

第一辑
放飞心灵，感悟人生

现在很多人觉得自己活得一点都不快乐，郁郁寡欢。那是因为你太在乎周围人的眼光。在现实的社会里，你难免会遭遇他人挑剔的眼光，恶毒的话语，这时的你只有学会忽略别人的不善意，看淡对方的不友好，心才能沉静下来，继续做自己该做的事情。

走自己的路，让无知的人去说吧；抛开世俗的眼光，抛开别人施与的羁绊，追求你想要的人生。只要你坚定，就没有什么能阻挡你前进的步伐，你的人生之路也会更加广阔。走自己认为对的路，做最好的自己！

生命 / 沈从文

◎ 作者简介

沈从文（1902—1988），原名沈岳焕，笔名休芸芸、甲辰、上官碧、璇若等，乳名茂林，字崇文，湖南凤凰县人。沈从文是现代著名作家、历史文物研究家，代表作品有《边城》、《中国丝绸图案》等。

我好像为什么事情很悲哀，我想起“生命”。

……

有什么人能用绿竹作弓矢，射入云空，永不落下？我之想象，犹如长箭，向云空射去，去即不返。长箭所注，在碧蓝而明静之广大虚空。

明智者若善用其明智，即可从此云空中，读示一小文，文中有微叹与沉默，色与香，爱和怨。无著者姓名。无年月。无故事。无……然而内容极柔美。虚空静寂，读者灵魂中如有音乐。虚空明蓝，读者灵魂上却光明净洁。

大门前石板路有一个斜坡，坡上有绿树成行，长干弱枝，翠叶积叠，如翠等，如羽葆，如旗帜。

常有山灵，秀腰白齿，往来其间。遇之者即喑哑。爱能使人喑哑——一种语言歌呼之死亡。“爱与死为邻”。

然抽象的爱，亦可使人超生。爱国也需要生命，生命力充溢者方能爱国。至如阉寺性的人，实无所爱，对国家，貌作热诚，对事，马马虎虎，对人，毫无情感，对理想，异常吓怕。也娶妻生子，治学问教书，做官开会，然而精神状态上始终是个阉人。与阉人说此，当然无从了解。

夜梦极可怪。见一淡绿百合花，颈弱而花柔，花身略有斑点青渍，倚立门边微微动摇。在不可知的地方好像有极熟悉的声音在招呼：

“你看看好，应当有一粒星子在花中。仔细看看。”

于是伸手触之。花微抖，如有所怯。亦复微笑，如有所恃。因轻轻摇触那个花柄，花蒂，花瓣。近花处几片叶子全落了。

如闻叹息，低而分明。

雷雨刚过。醒来后闻远处有狗吠，吠声如豹。半迷糊中卧床上默想，觉得惆怅之至。因百合花在门边动摇，被触时微抖或微笑，事实上均不可能！

起身时因将经过记下，用半浮雕手法，如玉工处理一片玉石，琢刻割磨。完成时犹如一壁炉上小装饰。精美如瓷器，素朴如竹器。

一般人喜用教育身份来测量一个人道德程度。尤其是有关乎性的道德。事实上这方面的事情，正复难言。有些人我们应当嘲笑的，社会却常常给以尊敬，如阉寺。有些人我们应当赞美的，社会却认为罪恶，如诚实。多数人所表现的观念，照例是与真理相反的。多数人都乐于在一种虚伪中保持安全或自足心境。因此我焚了那个稿件。我并不畏惧社会，我厌恶社会，厌恶伪君子，不想将这个完美诗篇，被伪君子眼目所污渎。

百合花极静。在意象中尤静。

山谷中应当有白中微带浅蓝色的百合花，弱颈长蒂，无语如语，香清而淡，躯干秀拔。花粉作黄色，小叶如翠珰。

法朗士曾写一《红百合》故事，述爱欲在生命中所占地位，所有形式，以及其细微变化。我想写一《绿百合》，用形式表现意象。

心路花语

很多人步履匆匆，忙忙碌碌，他们或沉迷于功名利禄，或不惜一切代价追求物质财富，在追逐功名财富的时候烦恼丛生，却唯独忘了生命中那些最让人温暖，最让人感动的瞬间！

其实生活中本没有那么多烦恼，一切只不过是庸人自扰。只要我们稍微停下脚步，就可以更好地珍惜生命本原的美丽，不为爱欲所炫目，不为污秽所恶心，永远正确看待生命，永远那么透明地看。那时候，你将发现，在人生的幽僻处、细小处，都闪耀着光芒。

沈从文先生用优美的笔触展现了他对生命深深的思索。该文写于20世纪40年代，今天看来仍鲜活而不失色泽，精辟而不加粉饰。

话说谦让 / 梁实秋

◎ 作者简介

梁实秋（1903—1987），号均默，原名梁治华、梁秋实，字实秋，笔名子佳、秋郎、程淑等，祖籍邢台市沙河县，出生于北京。中国著名的散文家、学者、文学批评家、翻译家，国内第一个研究莎士比亚的权威，曾与鲁迅等左翼作家笔战不断。代表作品有《雅舍小品》、《英国文学史》、《莎士比亚全集》。

谦让仿佛是一种美德，若想在眼前的实际生活里寻一个具体的例证，却也不容易。类似谦让的事情近来似乎很难得发生一次。就我个人的经验说，在一般宴会里，客人入席之际，我们最容易看见类似谦让的事情。

一群客人挤在客厅里，谁也不肯先坐，谁也不肯坐首座，好像“常常登上座，渐渐入祠堂”的道理是人人所不能忘的。于是你推我让，人声鼎沸。辈分小的、官职低的，垂着手远远地立在屋角，听候调遣。自以为有占首座或次座资格的人，无不攘臂而前，拉拉扯扯，不肯放过他们表现谦让的美德的机会。有的说：“我们叙齿，你年长!”有的说：“我常来，你是稀客!”有的说：“今天非你上座不可!”事实固然是为让座，但是当时的声浪和唾沫星子却都表示像在争座。主人摆一张笑脸，偶然插一两句嘴，作鹭鸶笑。这场纷扰，要直到大家的兴致均已低落，该说的话差不多都已说完，然后急转直下，突然平息，本就该坐上座的人便去就了上座，并无苦恼之相，而往往是显得踌躇满志、顾盼自雄。

每次遇到这样谦让的场合，我便首先想起《聊斋》上的一个故事：一伙人在热烈地让座，有一位扯着另一位的袖子，硬往上拉，被拉的人硬往后躲，双方势均力敌，突然间拉着袖子的手一松，被拉的那只胳臂猛然向后一缩，胳臂肘尖正撞在后面站着的一位驼背朋友的两只特别凸出的大门牙上，咔嚓一声，双牙落地！我每忆起这个乐极生悲的故事，为明哲保身起见，在让座时我总躲得远远的。等风波过后，剩下的位置是我的，首座也可以，坐上去并不头晕；末座亦无妨，我也并不因此少吃一口。我不谦让。

考让座之风之所以如此盛行，其故有二。第一，让来让去，每人总有一个位置，所以一面谦让，一面稳有把握。假如主人宣布，位置只有十二个，客人却有十四位，那便没有让座之事了。第二，所让者是个虚荣，本来无关宏旨，凡是半径都是一般长，所以坐在任何位置（假如是圆桌）都可以享受同样的利益。假如明文规定，凡坐过首席若干次者，在铨叙上特别有利，我想让座的事情也就少了。我从不曾看见，在长途汽车车站售票的地方，如果没有木制的长栅栏，而还能够保留一点谦让之风！因此我发现了一般人处世的一条道理，那便是：无需让的时候，则无妨谦让一番，于人无利，于己无损；在该让的时候，则不谦让，以免损己；在应该不让的时候，则必定谦让，于己有利，于人无损。

小时候读到孔融让梨的故事，觉得实在难能可贵，自愧弗如。一只梨的大小，虽然是微不足道，但对于一个四五岁的孩子，其重要或许并不下于一个公务员之盘算简、荐、委。有人猜想，孔融那几天也许肚皮不好，怕吃生冷，乐得谦让一番。我不敢这样妄加揣测，不过我们要承认，利之所在，可以使人忘形，谦让不是一件容易的事。

谦让作为一种仪式，并不是坏事，像天主教会选任主教时所举行的仪式就蛮有趣。就职的主教照例地当众谦逊三回，口说“nolocpiscopari”，意即“我不要当主教”，然后照例地敦促三回，终于勉为其难了。我觉得这样的仪式比宣誓就职之后再打通电声明固辞不获要好得多。谦让的仪式行久了之后，也许对于人心有潜移默化之功，使人在争权夺利、奋不顾身之际，不知不觉地也举行起谦让的仪式。可惜我们人类的文明史尚短，潜移默化尚未能奏大效，露出原始人的狰狞面目的时候要比雍雍穆穆地举行谦让仪式的时候多些。我每次从长途汽车的售票处杀进杀出时，心里就想先王以礼治天下，实在有理。

心路花语

从小我们就熟知“孔融四岁能让梨”的故事，谦让一直是中华文明得以传承的美德之一，我们都应当尊敬长辈，爱护幼小，不争功，不抢利。谦让，从小处说能帮助我们塑造良好的性格与形象，从大处讲能让我们的社会更和谐。所以，我们要拒绝争抢，互相谦让。但是谦让要有节制，切不可因为谦让耽误时间，浪费资源，这就曲解了谦让的意义了。

“谦让是一种美德。”这句话似乎是不变的真理。梁实秋先生的文章告诉我们，谦让应该在合适的场所、合适的时间，否则谦让只是一种虚伪的客套。

把时间花在心灵上 / 林清玄

◎ 作者简介

林清玄，1953 年生于中国台湾省高雄旗山。毕业于中国台湾世界新闻专科学校，曾任台湾《中国时报》海外版记者、《工商时报》经济记者、《时报杂志》主编等职。1973 年开始创作散文。1979 年起连续 7 次获台湾《中国时报》文学奖、散文优秀奖和报告文学优等奖、台湾报纸副刊专栏金鼎奖等。他的散文文笔流畅清新，表现了淳厚、浪漫的情感，在平易中有着感人的力量。作品有散文集《莲花开落》、《冷月钟笛》、《温一壶月光下酒》、《鸳鸯香炉》、《金色印象》、《白雪少年》、《桃花心木》（入选人教版六年级下册第 3 课）、《在梦的远方》、《在云上》、《心田上的百合花》等。并且他的散文集一年中重印超过 20 次。

朋友带我去看一位收藏家的收藏，据说他收藏的都是顶级的东西，随便拿一件来都是价逾千万。

我们穿过一条条的巷子，来到一家不起眼的公寓前面，我心中正自纳闷，顶级的古董怎么会收藏在这种地方呢？

收藏家来开门了，连续打开三扇不锈钢门，才走进屋内。室内的灯光非常幽暗，等了几秒钟，我才适应了室内的光线，这时，才赫然看到整个房子堆满古董，多到连走路都要小心，侧身才能前进。

到处都是陶瓷器、铜器、锡器，还有好多书画卷轴拥挤地插在大缸里，主人好不容易带我们找到沙发，沙发也是埋在古物堆中，经过一番整理，我们才得以落座。

我不知道怎样才能形容那种感觉，古董过度拥塞，使人仿佛置身在垃圾堆中。我想到，任何事物都不能太多，一到“太”的程度，就可怕了。

我们都喜欢蝴蝶，可是如果屋子里飞满蝴蝶，就不美了，再想到蝴蝶就会生满屋的毛毛虫，那多可怕。我们都喜欢鸟，但鸟太多，也是会伤人的，希区柯克的名作《鸟》，那恐怖的情景想起来汗毛都要竖起。

正在出神的时候，主人端出来一个盘子，但盘子里装的不是茶水或咖啡，而是一盘玉。因为我的朋友向主人吹嘘我是个行家，虽然我据实地极力否认，主人只当我是谦虚，迫不及待地拿他的收藏要给我“鉴赏”了。

既是如此，我也只好一件一件地鉴赏，并极力地称赞，在说一块茶色玉时，我心里还想：为什么端出来的不是茶水呢？

看完玉石，我们转到主人的卧房看陶器和青铜，我才发现主人的卧室中只有一张床可以容身，其余的从地面到屋顶，都堆得密不透风。

虽然说这些古铜都是价逾千万，堆在一起却感觉不出它的价值。后来又看了几个房间，依然如此，最令我吃惊的是，连厨房和厕所都堆着古董，主人家已经很久没有开伙了。

古董的主人告诉我，他为什么选择居住在陋巷，是怕引起歹徒的觊觎。

而他设了那么多的铁门，有各种安全功能，一般人从门外窥探他的古董，连一眼也不可得。

朋友补充说：“他爱古物成痴，太太、孩子都不能忍受，移民到国外去了。”

古董的主人说：“女人和小孩子懂什么？”

我对他说：“你的古物这么值钱，又这么多，何不卖几件，买一个大的展示空间，让更多人欣赏呢？这样，房子也不会连坐的地方都没有呀！”

他说：“好的古董一件也不舍得卖。”

他说：“而且那些俗人懂得什么叫古董?”

告辞出来的时候，我感到有一些悲哀，再怎么了不起的古董，都只是“物件”，怎么比得上有情的人？再说，为了占有古董，活着的时候担惊受怕，像囚犯困居于数道铁门的囚室，像乞丐住在垃圾堆中，又何苦？

何况，人都会离开世界，就像他手中的古董从前的主人一样，总有一刻，会两手一放，一件也不能带走。真正的拥有，不一定要占有，真正的古董鉴赏家，不一定要做收藏家；偶尔要欣赏古董，到故宫博物院走走，花几十元门票，就能看到真正的稀世古物。累了，花几十元在三希堂喝故宫特选的乌龙茶，生活不是非常的惬意吗？回到家，窗明几净，也不需要三道铁门来保卫，也不需要和无情的东西争位置，役物而不役于物，不亦快哉！

我们的生命如此短暂，有所营谋，必有所烦恼；有所执著，必有所束缚；有所得，必有所失。

我们如果把时间花在财货，就没有时间花在心灵。

我们如果日夜为欲望奔走，就会耗失自己的健康。

我们如果成为壶痴、石痴、玉痴、古物痴，就会忘却有情世界的珍贵。

好好吃一顿饭、欢喜喝一杯茶，一日喜乐无恼、一夜安眠无梦，又是价值多少？

“百花丛里过，片叶不沾身。”那样的生活才是我们向往的生活，百花丛里是“有情”，片叶不沾身是“觉悟”。

误解与赞赏、批评与歌颂，都像庐山的烟雨和浙江的潮汐，原来一物也无。

去年春天最好的春茶，放到今年也要失味，所以，今年要喝今年的春茶。

年年的春茶都好，我眼前的这个粗陶茶杯也很好，古董、古物、钻石、珍珠，乃至一切的背负，留给那些愿意背负的人吧。

心路花语

心灵被世俗的杂念填满，每个人都有太多舍不得放下的东西，所以很多人迷失了自己，找不到生活的真意。其实我们越是不忍心看着自己喜欢的东西从手中溜过，我们越无法真正得到。有时即使千方百计得到了，也仅仅是个形式而已。

林清玄的散文不刻意去运用某种修辞方法，而是以通俗易懂的口头化语言来进行中国式的浅吟低唱，语言优美、清新而富有哲理，从而形成了自己独特的风格。

风中跌倒不为风 / 林清玄

路过乡间一座三合院，看见一个孩子正在放声大哭，妈妈心疼地在旁边安慰。

妈妈一手慈爱地搂着孩子，一手用力地拍打地板，对孩子说：

“哎呀！都是这个土脚不平，害宝贝仔仆倒，妈妈替你拍土脚，哎呀！”

妈妈拍地的动作非常滑稽夸张，使那哭闹不停的孩子也忍不住破涕为笑了。

我站在一旁看着这一幕，心里感到十分温馨，想到从前我的妈妈也曾如此安慰过我。不只是我的妈妈，从前乡间的父母几乎都是这样安慰孩子。

跑的时候被树枝绊倒了，就把树枝折断，说是：“坏树枝！怎么可以绊倒我的好孩子。”走路不小心跌倒了，就打骂土地，说是：“歹土地，怎么可以害我的乖孩子跌倒。”甚至完全没有原因跌倒，找不到什么东西可以责备，就骂风，说：“都是风吹得让我的心肝仔跌倒。”

我们小的时候都会信以为真，以为跌倒是因为风、土地或树枝的缘故，我们也会像父母亲一样，找借口安慰自己，却没意识到是自己走路不小心。

记得有一次，我在门口庭前跑步，不小心摔了一跤，头破血流。妈妈从灶间跑出来，左看右看，找不到可以打骂的东西，因为庭前的土地非常平，既没有树枝，也没有小石子。

妈妈怔了好长一段时间，我已经站起来了，她还怔在那里，手里拿着一支锅铲，样子有点滑稽。

妈妈看我望着她，以为我要放声哭出来，突然大声地骂天：“都是这么恶的风，吹得阿玄仔仆倒！”

我抚着自己头上的伤口，对妈妈说：“妈，不是因为风，是我自己不小心仆倒的。”

那时，庭前确实只有阳光，一丝风也无。

妈妈这时笑得像阳光一样灿烂，过来检视我的伤口，欣慰地说：“你大汉了！”

妈妈的意思是我长大了，可以承担自己的错误与失败。当我们发现到，无论任何形式的跌倒，都是由于自己的不小心，而不是去找借口，这时我们就像我们在情感与姻缘上跌倒的时候，也像孩子时一样……即使地不平、荆棘横路、风狂雨暴，都不应该是我们跌倒的借口。最应该检视的是错误与失败。

孩子的跌倒顶多是皮肉受伤，姻缘挫败也顶多是锥心刺骨，并不会伤到情感的本质。因此，一个人不应该在爱中受伤，就失去爱的勇气；一个人也不应该痛苦，就失去承担的心。要寻找到生命最内在的本质，是不能有任何借口的。当我们还有借口，本质就不会显露出来。

我对自己过去情感的受伤，姻缘的挫败也没有任何借口，这都是我生命的必然之路。我也愿意承担任何的批评，并把这些批评当成石阶，走向更高的位置来回看自己的人生。

在风中跌倒，在爱中流泪，这都是人生不可避免的旅程。如果我们在每一段旅程，都能学习到更广大的胸怀，都能不失去真爱的勇气、美好的追求，一切挫折不也都有深刻的意义吗？我站着看那拍打土地安慰孩子的母亲图像，一面忆起往事，一面想到我们人生可能永无平静之日，但我们要使心安宁，只在当下的转念之间。

心路花语

在成长的路上，你极有可能遭受许多的失败，会无数次地跌倒。如果跌倒了你不爬起来，那么，你将永远倒在地上。只有自己站起来，从失败中吸取教训，才会在前行路上，不致再次跌倒，才会走向人生的辉煌。

作者由生活中的一件小事迅速联想到自己儿时

的事情，升华了文章主题，不给任何失误找借口，对于失败勇敢面对，坦然接受。

伟大与渺小 / 臧克家

◎ 作者简介

臧克家（1905—2004），山东潍坊市诸城人，曾用名臧瑗望，笔名少全、何嘉，是闻一多先生的高徒，被誉为“农民诗人”。代表作品有《难民》、《老马》、《有的人》等。

我们有太多的伟人。写在历史上的被渲染过的，不必说他们了；和我们同时代，向我们显示伟大的，已经够数了。这些人，凭了个人的阴谋机诈、凭了阴险与残酷，只要抓住一个机会使自己向高处爬一级，他是决不放弃这个机会的，至于牺牲个人的天良与别人的利害甚至生命，他毫不顾惜。这些伟人的伟大，是用个人的人性去换来的，是踏在人民大众的骨骸上升高起来的。当他站得高、显得伟大的时候，一般有肉没有骨头，有躯壳没灵魂的人中狗，便成群地蜷伏在他脚下，仰起头来望望他，便“伟大呵，伟大呵”地乱叫一阵子。当别人靠近他的时候，它们便狺狺狂吠起来，在壮主子的声威之余，自己仿佛也有威可畏了。这些伟人与臣侯是相依为命，狼狈为奸的。主子为了获取权势的兔，是不能没有走狗的，在走狗的瞳孔里，主子的尊容也许并非那样庄严，然而在他们口里又是另一回事了。为了一块骨头，它们出卖了自己。

在伟人自己，眼睛看的是逢迎的脸色，咂嚅趑趄的情感，耳朵听的是谗媚阿佞的声音，左右的人钢壁铁墙一样把他围在一个小天地里，眼看不过咫尺，耳听不出左右，久而久之，也只能以他人之耳为耳，以他人之目为目。而这些他人，又正是以他为法宝而有所贪图的人，他们所说的话，所报告的见闻，全是以自己的利害为标准而取舍，改窜，编辑的，不但与事实不符，常常会整个相反。信假为真，以真为假，是非颠倒，黑白不分。古时候有这样的皇帝，天下大饥，他怪罪人民何不食肉糜，今日的伟人吃的鸡蛋也许还是一块钱一个。

这样的伟人，拔地几千尺，活在半空里，和群众、和现实，脱离得一干二净。在别人眼前，他作势，他装腔，他在别人眼里不是“人”，而是“伟人”。他自己，喜怒哀乐，不能自由，不愿自由，不敢自由，硬把人之所以为人的一些天性压抑，闷死，另换上一些人造的东西，这样弄得长久了，自己也觉得自己不是“人”了，而成了“人”以上的另一种人的“人”。勉强解释，就是孤家“寡人”之“人”。这样的“人”，是“性相近也，习相远也”，远的是民众，是人性。这样的人是刚愎的，残暴的，虚伪的，反动的，半疯狂的，自欺欺人的，存心“不令天下人负我，我负天下人”的。把一个国家，一个世界，交给这样一个半疯子去统治，那会造成个什么样子呢？

“王侯将相”的种子，已不能在新时代的气流中生长了。当大势已去，伟人不得不从半空里扔在实地上、民众前的时候，难怪希特勒自杀，而且自杀前还有疯狂的传说。被别人蒙在鼓里，或被自己的野心蒙在鼓里，一旦鼓被敲破了，四面楚歌，他这才明白了，可是已经晚了。个人英雄也就是悲剧英雄。希特勒、墨索里尼已成过去了，他们的死法是多么有力的标语，佛朗哥，以及佛朗哥的弟兄们，读一读它吧！

和伟大相反，我喜欢渺小，我想提倡一种渺小主义。一个浪花是渺小的，波浪滔天的海洋就是它集体动力的表现，一粒砂尘是渺小的，它们造成了巍峨的泰岱，一株小草也是一支造物的小旗，一朵小花不也可以壮一下春的行色吗？

我说的渺小是最本色的，最真的，最人性的，是恰恰反乎上面所说的那样的伟大的。一颗星星，它没有名字却有光，有温暖，一颗又一颗，整个夜空都为之灿烂了。谁也不掩盖谁，谁也不妨碍别人的存在，相反的，彼此互相辉映，每一个是集体中的一分子。

满腹经纶的学者，不要向人民夸示你们的渊博吧，在这一方面你不是能手，因你有福，有闲，有钱，你对于锄头拿得动、使得熟吗？在别人的本领之前，你显示自己的渺小吧。用你的精神的食粮去换五谷吧。

发号施令的政治家，你们也能操纵斧柄如同操纵政柄吗？

将军们，不要只记住自己的一个命令可以生杀多少人，也要想想农民手下的锄头，可以生多少禾苗，死多少野草呵。

当个人从大众中孤立起来，而以自己的所长比别人所短，他自觉是高人一头；把自己看做群众里面的一个，以别人的所长比自己的所短时，便觉得自己是渺小，人类的集体是伟大。我常常想，不亲自站在群众的队伍里面是比不出自己高低的；我常常想，站在大洋的边岸上向远处放眼的时候，站在喜马拉雅山脚下向上抬头的时候，才会觉得自己的渺小。因此，我爱大海，也爱一条潺潺的溪流；我爱高山，也爱一个土丘；我爱林木的微响，也爱一缕炊烟；我爱孩子的眼睛，我爱无名的群众，我也爱将军虎帐夜谈兵——如果他没有忘记他是个人。

我说的渺小是通到新英雄主义的一个起点。渺小是要把人列在一列平等的线上，渺小是自大、狂妄、野心、残害的消毒药，渺小是把人还原成人，是叫人看集体重于个人。当一个人为了群众，为了民族和国家，发挥了自己最大可能的力量，他便成为人民的英雄——新的英雄，这种英雄，不是为了自己，而是牺牲了自己，他头顶的光圈，是从人格和鲜血中放射出来的。

人人都渺小，然而当把渺小扩大到极致的时候，人人都可以成为英雄——新的英雄。

这世纪，是旧式的看上去伟大的伟人倒下去的世纪；这世纪，是渺小的人民觉醒的世纪；这世纪，是新英雄产生的世纪。

我如此说，如此相信。

心路花语

苍茫大地，芸芸众生中，每个人都是渺小的，不需要因为自己的渺小而感到自卑，渺小有渺小的妙处，每个人都有自己的位置，都能找到自己的光源，发出自己的声音。要知道蓝天有自己的深邃，白云有自己的飘逸，草原有自己的芬芳，就连不起眼的小草也有属于自己的翠绿，每个人都是独特而优秀的。

臧克家是一位著名的诗人。他的散文，用字凝练，讲求文采，这样的语言已经具备了诗意美的基础。

非走不可的弯路／张爱玲

◎ 作者简介

张爱玲（1920—1995），中国现代作家，本名张瑛，出生在上海公共租界西区的麦根路313号的一栋建于清末的仿西式豪宅中。张爱玲一生创作大量文学作品。类型包括小说、散文、电影剧本以及文学论著，她的书信也被人们作为著作的一部分加以研究。其著作有中短篇小说《霸王别姬》、《鸿鸾禧》、《创世纪》、《花凋》、《倾城之恋》、《多少恨》、《金锁记》、《殷宝滟送花楼会》等；长篇小说《连环套》、《怨女》、《十八春》、《小艾》、《秧歌》等；散文随笔《都市的人生（散文集）》、《被窝》、《秋雨》、《读书报告四则》等。

在青春的路口，曾经有那么一条小路若隐若现，召唤着我。

母亲拦住我："那条路走不得。"

我不信。

"我就是从那条路走过来的，你还有什么不信？"

"既然你能从那条路走过来，我为什么不能？"

"我不想让你走弯路。"

"但是我喜欢，而且我不怕。"

母亲心疼地看我好久，然后叹口气："好吧，你这个倔强的孩子，那条路很难走，一路小心！"

上路后，我发现母亲的确没有骗我，那的确是条弯路，我碰壁，摔跟头，有时碰得头破血流，但我不停地走，终于走过来了。

坐下来喘息的时候，我看见一个朋友，自然很年轻，正站在我当年的路口，我忍不住喊："那条路走不得。"

她不信。

"我母亲就是从那条路走过来的，我也是。"

"既然你们都可以从那条路走过来，我为什么不能？"

"我不想让你走同样的弯路。"

"但是我喜欢。"

我看了看她，看了看自己，然后笑了："一路小心。”

我很感激她，她让我发现自己不再年轻，已经开始扮演“过来人”的角色，同时患有“过来人”常患的“拦路癖”。

在人生的路上，有一条路每一个人非走不可，那就是年轻时候的弯路。不摔跟头，不碰壁，不碰个头破血流，怎能炼出钢筋铁骨，怎能长大呢？

心路花语

在人生的路上，有一条路每个人非走不可，那就是年轻时候的弯路。不摔跟头，不碰壁，不碰个头破血流，怎能炼出钢筋铁骨，怎能长大呢？弯路是人生旅途中不可避免的一段路途。出生时那第一声嘹亮的啼哭，便预示着我们将要面对一段充满艰辛与历练的路程。人生似登山，虽然每个人通往山顶的路不尽相同，但都布满石子，充满泥泞，若想登上生活的巅峰，就必须走过这不平蜿蜒的曲折之路，想不碰壁，想不受伤，这只是不切实际的幻想，成长的过程必然会交织着血泪，没有一番彻骨寒，哪得梅花扑鼻香？而且，也只有经历它，你才懂得坚强，挑战它，你才懂得求索。倘若没有破茧的痛苦煎熬，你又怎能体会到成蝶后那一刻的光明与欢欣？

人生像一首诗 / 林语堂

◎ 作者简介

林语堂（1895—1976），福建龙溪（现福建省漳州市平和县坂仔镇）人。中国当代著名学者、文学家、语言学家。早年留学国外，回国后在北京大学等著名大学任教，1966 年定居台湾，一生著述颇丰。代表作品有《翦拂集》、《京华烟云》、《孔子的智慧》等。

我以为从生物学的观点看起来，人生读来几乎是像一首诗。它有其自己的韵律和拍子，也有其生长和腐坏的内在周期。它的开始就是天真烂漫的童年时候，接着便是粗拙的青春时期，粗拙地企图去适应成熟的社会，具有青年的热情和愚憨，理想和野心；后来达到一个活动很剧烈的成年时期，由经验获得利益，又由社会及人类天性上得到更多的经验；到中年的时候，紧张才稍微减轻，性格圆熟了，像水果的成熟或好酒的醇熟那样地圆熟了，对于人生渐渐抱了一种较宽容，较玩世，同时也较慈和的态度；以后便到了衰老的时候，内分泌腺减少它们的活动，如果我们对老年有着一种真正的哲学观念，而照这种观念去调整我们的生活方式，那么，这个时期在我们心目中便是和平、稳定、闲逸和满足的时期；最后，生命的火光闪灭了，一个人永远长眠不再醒了。我们应该能够体验出这种人生的韵律之美，应该能够像欣赏大交响曲那样，欣赏人生的主要题旨，欣赏它的冲突的旋律，以及最后的决定。

这些循环的动作，在正常的人生上是大概相同的，不过那音乐必须由个人自己去演奏。在某些人的灵魂中，那个不调和的音键变得日益宏大，结果竟把正式的曲调淹没了，如果那不调和的音键声音太响，使音乐不能继续演奏下去，于是那个人便开枪自戕，或跳河自尽了。这是因为他缺乏良好的自我教育，弄得原来的主旋律遭了掩蔽。反之，正常的人生是会保持着一种严肃的动作和行列，朝着正常的目标前进。在我们许多人之中，有时震音或激越之音太多，因此听来甚觉刺耳；我们也许应该有一些以恒河般伟大的音律和雄壮的音波，慢慢地永远地向着大海流去。

一个人有童年、壮年和老年，我想没有一个人会觉得这是不美满的。一天有上午、中午、日落，一年有春、夏、秋、冬四季，这办法再好没有。人生没有什么好坏，只有“在那一季里什么东西是好的”的问题。如果我们抱着这种生物学的人生观念，循着季节去生活，那么除自大的呆子和无可救药的理想主义者之外，没有人会否认人生确是像一首诗那样地生活过去的。莎士比亚曾在他的人生七阶段的那节文章里，把这个观念极明显地表达出来，许多中国作家也曾说过与此相似的话。莎士比亚没有变成富于宗教观念的人，也不曾对宗教表示很大的关怀，这是很可怪的。我想这便是他所以伟大的地方；他把人生当做人生看，他不打扰世间一切事物的配置和组织，正如他不打扰他的戏剧中的人物一样。莎士比亚和大自然本身相似，这是我们对一位作家或思想家最大的赞颂。他只是活在世界上，观察人生而终于离开了。

心路花语

人生是千姿百态的，有人曾说它像一江春水，也有人说它像一棵大树，然而在林语堂的笔下，人生却像一首诗。每个人的一生都是一个故事，每个人的一生也都是一首韵味无穷的诗。在同一件事上，每个人都有不同于他人的想法与做法，自然也就是林语堂所说的“自己的韵律和拍子”。谁不愿意花时间去谱写一首长诗？谁不愿意花时间去读一首回环曲折、韵味无穷的长诗呢？人生像一首诗，每一首诗都有它灿烂的理由。

人生真义 / 陈独秀

◎ 作者简介

陈独秀（1879—1942），原名庆同，官名乾生，字仲甫，号实庵。新文化运动的发起人和旗帜，中国文化启蒙运动的先驱，五四运动的总司令。他不仅是一位政治家，更是一位学人。在五四运动前，他创办《新青年》，发表《文学革命论》；其后，他出版《字义类例》、《实庵字说》等。此外，陈独秀在诗学、文字音韵学以及书法上的造诣都是相当精深的。

人生在世，究竟为的什么？究竟应该怎样？这两句话实在难回答得很。我们若是不能回答这两句话，糊糊涂涂过了一生，岂不是太无意识吗？自古以来，说明这个道理的人也算不少，大概约有数种：第一是宗教家。像那佛教家说，世界本来是个幻象，人生本来无生；“真如”本性为“无明”所迷，才现出一切生灭幻象。一旦“无明”灭，一切生灭幻象都没有了，还有什么世界，还有什么人生呢？又像那耶稣教说，人类本是上帝用土造成的，死后仍旧变为泥土。那生在世上信从上帝的，灵魂升天；不信上帝的，便魂归地狱，永无超生的希望。第二是哲学家。像那孔、孟一流人物，专以正心、修身、齐家、治国、平天下，做一大道德家、大政治家，为人生最大的目的。又像那老、庄的意见，以为万事万物都应当顺应自然，人生知足，便可常乐，万万不可强求。又像那墨翟主张牺牲自己、利益他人为人生义务。又像那杨朱主张尊重自己的意志，不必对他人讲什么道德。又像那德国人尼采也是主张尊重个人的意志，发挥个人的天才，成功一个大艺术家、大事业家，叫做寻常人以上的“超人”，才算是人生目的。什么仁义道德，都是骗人的说法。第三是科学家。科学家说人类也是自然界一种物质，没有什么灵魂。生存的时候，一切苦乐善恶，都为物质界自然法则所支配；死后物质分散，另变一种作用，没有联续的记忆和知觉。

这些人所说的道理，各个不同。人生在世，究竟为的什么，应该怎样呢？我想佛教家所说的话，未免太迂阔。个人的生灭虽然是幻象，世界人生之全体，能说不是真实存在吗？人生“真如”性中，何以忽然有“无明”呢？既然有了“无明”，众生的“无明”，何以忽然都能灭尽呢？“无明”既然不灭，一切生灭现象何以能免呢？一切生灭现象既不能免，吾人人生在世，便要想想究竟为的什么，应该怎样才是。耶教所说，更是凭空捏造，不能证实的了。上帝能造人类，上帝是何物所造呢？上帝有无，既不能证实，那耶教的人生观，便完全不足相信了。孔孟所说的正心、修身、齐家、治国、平天下，只算是人生一种行为和事业，不能包括人生全体的真义。吾人若是专门牺牲自己、利益他人，乃是为他人而生，不是为自己而生，绝非个人生存的根本理由。墨子的思想，也未免太偏了。杨朱和尼采的主张，虽然说破了人生的真相，但照此极端做去，这组织复杂的文明社会，又如何行得过去呢？人生一世，安命知足，事事听其自然，不去强求，自然是快活得很。但是这种快活的幸福，高等动物反不如下等动物，文明社会反不如野蛮社会。我们中国人受了老、庄的教训，所以退化到这等地步。科学家说人死没有灵魂，生时一切苦乐善恶，都为物质界自然法则所支配，这几句话倒难以驳他。但是我们个人虽是必死的，全民族是不容易死的，全人类更是不容易死的了。全民族、全人类所创的文明事业，留在世界上、写在历史上传到后代，这不是我们死后联续的记忆和知觉吗？

照这样看起来，我们现在时代的人所见人生真义，可以明白了。今略举如下：

（一）人生在世，个人是生灭无常的，社会是真实存在的。

（二）社会的文明幸福，是个人造成的，也是个人应该享受的。

（三）社会是个人集成的，除去个人，便没有社会，所以个人的意志和快乐，是应该尊重的。

（四）社会是个人的总寿命。社会解散，个人死后便没有联续的记忆和知觉，所以社会的组织和秩序，是应该尊重的。

（五）执行意志，满足欲望（自食色以至道德的名誉，都是欲望），是个人生存的根本理由，始终不变的（此处可以说“天不变，道亦不变”）。

（六）一切宗教、法律、道德、政治，不过是维持社会不得已的方法，非个人所以乐生的原意，可以随着时势变更的。

（七）人生幸福，是人生自身出力造成的，非是上帝所赐，也不是听其自然所成就的。若是上帝所赐，何以厚于今人而薄于古人？若是听其自然所能成就，何以世界各民族的幸福不能够一样呢？

（八）个人之在社会，好像细胞之在人身；生灭无常，新陈代谢，本是理所当然，丝毫不足恐怖。

（九）要享幸福，莫怕痛苦。现在个人的痛苦，有时可以造成未来个人的幸福。譬如有主义的战争所流的血，往往洗去人类或民族的污点。极大的瘟疫，往往促成科学的发达。

总而言之，人生在世，究竟为的什么？究竟应该怎样？我敢说道：个人生存的时候，当努力造成幸福，享受幸福；并且留在社会上，后来的个人也能够享受，递相授受，以至无穷。

心路花语

世界上有两种人，一种人，虚度年华；另一种人，过着有意义的生活。在第一种人的眼里，生活就是一场睡眠，如果在他看来，是睡在既温暖又柔和的床铺上，那他便十分心满意足了；在第二种人眼里，可以说，生活就是建立功绩……人就是在完成这个功绩中享受到自己的幸福的。

人生七期 / 高士其

◎ 作者简介

高士其（1905—1988），原名高仕。著名科学家、科学小品作家。出生于福建福州，毕业于清华大学。美国芝加哥大学化学学士、医学博士。《自然科学》副主编，一级研究员。曾任中国科普创作家协会名誉会长、中国作家协会理事、中国人民保护儿童全国委员会委员等职。

16 世纪，英国的大诗翁莎士比亚，有一篇千古不朽的名诗，把人生由婴儿到暮年，分为七期，描写得极其逼真。大意是说：咿咿唔唔在奶娘手上抱的是婴儿；满脸红光，牵着书包儿，不愿上学的是学童；强吻狂欢，含泪诉情，谈着恋爱的是青年；热血沸腾，意气方刚，破口就骂，胆大妄为的是壮年；衣服整齐，面容严肃，高声言谈，踱着方步，挺着肚子的是中年；饱经忧患，形容枯槁，鼻架眼镜，声音带颤的是老年；塌了眼眶，舌头无味，记忆不清，到了尽头的是暮年。这样把人生一段一段地分析下来，真够玩儿呀。

但是，莎士比亚的人生七期，是看着人情世态而描写的。我们现在依照生理学上的情形也把人生分为七期。这七期以子宫内受孕的母卵为起点。

自母卵与精子相遇，受精以后，立时新生命开始了。自开始至三个月为第一期，叫胚胎期。这一期里，母卵不过是直径不满七百分之一英寸的一颗圆圆的单细胞，内中却早已包含着成人所必须具有的一切细胞了。由母卵一个单细胞不断地分裂，第三星期有鱼鳃的裂痕出现，第六星期有尾巴出现，到了第三个月，人的雏形已经完成，但仍是小得很，要用显微镜才看得清。

第二期是胎儿期，自第三个月起至婴儿脱离母体呱呱坠地止，大约六七个月。这一期里，温暖的子宫内的胎儿，他所需要的食料和氧气，都由母亲的血液支取，都由胎盘输进脐带送给他的。

由婴儿呱呱坠地到两周岁，到了乳齿长出的时候，是第三期，叫婴儿期。

接着，第四期，即幼儿期，由三岁起，在女孩到十三岁止，在男孩到十四岁止。此期年年体重均有增加，每年约增加百分之九。

到了第五期，就是这宝贵的青年期，如春天的花一般，一朵朵地开出来，红艳可爱。一个个女儿的性格，一个个男子的性格，很奇幻而巧妙地在这一期里长成。不知不觉地由娇羞的童女，一变为多色多姿的少女；由顽皮的童男，一变为英俊有为的青年。在青年期，十三四岁的女儿，月经来临，骨盆长大，乳峰突起，阴毛出现；在男子，他们的标志是：面部的胡须有了几根了，下部耻骨间的黑毛也一条条冒出来，同时，好像喝了什么葫芦里的药，小孩子又脆又尖的高音忽然变成又粗又重的沉音了。在营养得宜时，此期体重和身长每年约增加百分之十二。但一般满了二十二周岁的当儿，身体的发育已完成，不再前进了。

由二十五岁，女的到五十岁，男的到六十岁，是中年期，是一生的中心，是一生最有用的时代，这是第六期。男子一般过了三十五，生殖机能一天不如一天，但体格却一天天肥大了，一天天显得富态，到了六十岁，生殖机能就完全终止了。妇女到五十岁左右，月经告别，生殖时代就成为过去了。这在医学上，就叫更年期。

第七期，六十岁以上的人，就算老了。一轮红日，慢慢西沉，终归于万籁俱寂了。

心路花语

人生就是人的生命活动和生命历程，它是人的生存和发展的客观过程，涉及人的工作、学习、恋爱、友谊等广泛的生活领域，包含着欢乐与痛苦、幸福与悲伤、光明与黑暗、顺利与曲折、友善与敌意、美好与丑恶等丰富而具体的内容。

对于我们来讲人生是为了幸福。人的一生虽然不是一马平川、有许多坎坷，但是只要把握现在，把活着的每一天当做你生命的最后一天认真对待，命运是自己把握的，不要对自己做过的事情后悔。

给抱怨生活者的信／徐志摩

◎ 作者简介

徐志摩（1896—1931），笔名南湖、云中鹤等。浙江海宁人。现代著名诗人、散文家。著有诗集《志摩的诗》、《翡冷翠的一夜》、《猛虎集》，散文集《落叶》、《巴黎的鳞爪》，小说散文集《轮盘》，日记《爱眉小札》、《志摩日记》等。

得到你的信，像是掘到了地下的珍藏，一样的稀罕，一样的宝贵。

看你的信，像是看古代的残碑，表面是模糊的，意义却是深微的。

又像是在尼罗河旁边暮夜，在月亮正照着金字塔的时候，梦见一个穿黄金袍服的帝王，对着我作谜语，我知道他的意思，他说："我无非是一个体面的木乃伊。"

又像是我在这重山脚下半夜梦醒时，听见松林里夜莺的 Soprano 可怜的遭人厌毁的鸟叫，他虽则没有子规那样天赋的妙舌，但我却懂得他的怨愤，他的理想，他的急调是他的嘲讽与诅咒，我知道他怎样地鄙蔑一切，鄙蔑光明，鄙蔑烦嚣的燕雀，也鄙蔑自喜的画眉。

又像是我在普陀山发现的一个奇景：外面看是一大块岩石，但里面却早被海水蚀空，只剩罗汉头似的一个脑壳，每次海涛向这岛身搂抱时，发出极奥妙的音响，像是情话，像是诅咒，像是祈祷，在雕空的石笋、钟乳间呜咽，像大和琴的谐音在皋雪格的古寺的花椽、石楹间回荡——但除非你有耐心与勇气，攀下几重的石岩，俯身下去凝神地察看与倾听，你也许永远不会想象，不必说发现这样的秘密。

又像是……但是我知道，朋友，你已经听够了我的比喻，也许你愿意听我自然的嗓音与不做作的语调，不愿意收受用幻想的亮箔包裹着的话，虽则，我不能不补一句，你自己就是最喜欢从一个弯曲的白银喇叭里，吹弄你的古怪的调子。

你说："风大土大，生活干燥。"这话仿佛是一阵奇怪的凉风，使我感觉一个恐怖的战栗；像一团飘零的秋叶，使我的灵魂里掉下一滴悲悯的清泪。

我的记忆里，我似乎自信，并不是没有葡萄酒的颜色与香味，并不是没有妩媚的微笑的痕迹，我想我总可以抵抗你那句灰色的语调的影响——是的，昨天下午我在田里散步的时候，我不是分明看见两块凶恶的黑云消灭在太阳猛烈的光焰里，五只小山羊，兔子一样的白净，听着它们妈的吩咐在路旁寻草吃，三个割草的小孩在一个稻屯前抛掷镰刀，自然的活泼给我不少的鼓舞，我对着白云里矗着的宝塔喊说我知道生命是有意趣的。

今天太阳不曾出来。一捆捆的云在空中紧紧地挨着，你的那句话碰巧又添上了几重云雾，我又疑惑我昨天的宣言了。

我又觉得奇怪，朋友，何以你那句话在我的心里，竟像白垩涂在玻璃上，这半透明的沉闷是一种很巧妙的刑罚，我差不多要喊痛了。

我向我的窗外望，暗沉沉的一片，也没有月亮，也没有星光，日光更不必想，他早已离别了，那边黑黝黝的是林子，树上，我知道，是夜鹗的寓处，树下累累的在初夜的微茫中排列着，我也知道，是坟墓，僵的白骨埋在硬的泥里，磷火也不见一星，这样的静，这样的惨，黑夜的胜利是完全的了。

我闭着眼向我的灵府里问讯，呀，我竟寻不到一个与干燥脱离的生活的意象，干燥像一个影子，永远跟着生活的脚后，又像是葱头的葱管，永远附着在生活的头顶，这是一件奇事。

朋友，我抱歉，我不能答复你的话，虽则我很想，我不是爽快的西风，吹不散天上的云朵，我手里只有一把粗拙的泥锹，和如其有美丽的理想或是希望要埋葬，我的工作倒是现成的——我也有过我的经验。

朋友，我并且恐怕，说到最后，我只得收受你的影响，因为你那句话已经凶狠地咬入我的心里，像一个有毒的蝎子，已经沉沉地压在我的心上，像一块盘陀石，我只能忍耐，我只能忍耐……

心路花语

我们每个人的工作、生活的环境，总会有这样或那样的许许多多的不如意，但这些都不能成为我们懒惰、不思进取的理由，也更不能因此变得放任、消极、随波逐流。无论遇到什么样的困难或是不公，都不必怨天尤人，要用行动改变自己，朝着前方进发，努力经营好自己的人生，永远不要报怨。

死之默想 / 周作人

◎ 作者简介

周作人（1885—1967），原名周抛寿，字启明，晚年改名遐寿。浙江绍兴人。近代著名散文家。曾任北京大学等校教授。参与筹组文学研究会，倡导为人生而艺术的现实主义文学。著有《苦茶随笔》、《苦竹杂记》和《风雨谈》等散文集。

4世纪时希腊厌世诗人巴拉达思作有一首小诗道："你太饶舌了，人啊，不久将睡在地下；住口吧。你生存时且思索那死。"

这是很有意思的话。关于死的问题，我无事时也曾默想过（但不坐在树下，大抵是在车上），可是想不出什么来，这或者因为我是个"乐天的诗人"的缘故吧。但其实我何尝一定崇拜死，有如曹慕管君，不过我不很能够感到死之神秘，所以不觉得有思索十日十夜之必要，于形而上的方面也就不能有所饶舌了。

窥察世人怕死的原因，自有种种不同，"以愚观之"可以定为三项，其一是怕死时的苦痛，其二是舍不得人世的快乐，其三是顾虑家族。苦痛比死还可怕，这是实在的事情。十多年前有一个远房的伯母，十分困苦，在十二月底想投河寻死（我们乡间的河是经冬不冻的），但是投了下去，她随即走了上来，说是因为水太冷了。有些人要笑她痴也未可知，但这却是真实的人情。倘若有人能够切实保证，诚如某生物学家所说，被猛兽咬死痒苏苏地很是愉快，我想一定有许多人裹粮入山去投身饲饿虎了。可惜这一层不能担保，有些对于别项已无留恋的人因此也就不得不稍为踌躇了。

顾虑家族，大约是怕死的原因中之较小者，因为这还有救治的方法。将来如有一日，社会制度稍加改良，除施行善种的节制以外，大家不问老幼可以各尽所能，各取所需，凡平常衣食住，医药教育，均由公给，此上更好的享受再由个人的努力去取得，那么这种顾虑就可以不要，便是夜梦也一定平安得多了。不过我所说的原是空想，实现还不知在几十百千年之后，而且到底未必实现也说不定，那么也终是远水不救近火，没有什么用处。比较确实的办法还是设法发财，也可以救济这个忧虑。为得安闲的死而求发财，倒是很高雅的俗事；只是发财大不容易，不是我们都能做的事，况且天下之富人有了钱便反死不去，则此亦颇有危险也。

人世的快乐自然是很可贪恋的，但这似乎只在青年男女才深切地感到，像我们将近“不惑”的人，尝过了凡人的苦乐，此外别无想做皇帝的野心，也就不觉得还有何不得的快乐。我现在的快乐只是想在闲时喝一杯清茶，看点新书。虽然近来因为政府替我们储蓄，手头只有买茶的钱，无论他是讲虫鸟的歌唱，或是记贤哲的思想，古今的刻绘，都足以使我感到人生的欣幸。然而朋友来谈天的时候，也就放下书卷，何况“无私神女”（Atropos）的命令呢？我们看路上许多乞丐，都已没有生人乐趣，却是苦苦地要活着，可见快乐未必是怕死的重大原因，或者舍不得人世的苦辛也足以叫人留恋这个尘世吧。讲到他们，实在已是了无牵挂，大可“来去自由”，实际却不能如此，倘若不是为了上边所说的原因，一定是因为怕河水比彻骨的北风更冷的缘故了。

对于“不死”的问题，又有什么意见呢？因为少年时当过五六年的水兵，头脑中多少受了唯物论的影响，总觉得造不起“不死”这个观念来，虽然我很喜欢听荒唐的神话。即使照神话故事所讲，那种长生不老的生活我也一点儿都不喜欢。住在冷冰冰的金门玉阶的屋里，吃着五香牛肉一类的麟肝凤脯，天天游手好闲，不在松树下下着棋，便同金童玉女厮混，也不见得有什么趣味，况且永远如此，更是单调而且困倦了。又听人说，仙家的时间是与凡人不同的，诗云“山中方七日，世上已千年”，所以烂柯山下的六十年在棋边只是半个时辰耳，哪里会有日子太长之感呢？但是由我看来，仙人活了二百万岁也只抵得人间的四十春秋，这样浪费时间无裨实际的生活，殊不值得费尽了心机去求得他；倘若二百万年后劫波到来，就此溘然，将被五十岁的凡夫所笑。较好一点的还是那西方凤鸟的办法，活上五百年，便尔蜕去，化为幼凤，这样的轮回倒很好玩的——可惜他们是只此一家，别人不能仿作。大约我们还只好在这被容许的时光中，就这平凡的境地中，寻得些许的安闲悦乐，即是无上幸福，至于“死后如何?”的问题，乃是神秘派诗人的领域，我们平凡人对于成仙做鬼都不关心，于此自然就没有什么兴趣了。

心路花语

人，生而注定要死，这似乎是一个“1 + 1 = 2”似的简单明了的“铁律”，但人们总是有意无意地去遗忘它、排斥它。生老病死，这个自然规律似乎谁也不能摆脱，无论他是权倾一时的帝王将相，还是富可敌国的亿万富翁。

认认真真地思考，然后好好地去活，虽然生命之旅中会有许多磨难困苦，但是对于整个宇宙来说，毕竟我们活过，可以速朽的是我们的肉体，但永远不朽的是我们的思想和智慧。

人生的乐趣 / 林语堂

我们只有知道一个国家人民生活的乐趣，才会真正了解这个国家，正如我们只有知道一个人怎样利用闲暇时光，才会真正了解这个人一样。只有当一个人歇下他手头不得不干的事情，开始做他所喜欢做的事情时，他的个性才会显露出来。只有当社会与公务的压力消失，金钱、名誉和野心的刺激离去，精神可以随心所欲地游荡之时，我们才会看到一个内在的人，看到他真正的自我。生活是艰苦的，政治是肮脏的，商业是卑鄙的，因而，通过一个人的社会生活状况去判断一个人，通常是不公平的。我发现我们有不少政治上的恶棍在其他方面却是十分可爱的人，许许多多无能而又夸夸其谈的大学校长在家里却是绝顶的好人。同理，我认为玩耍时的中国人要比干正经事情时的中国人可爱得多。中国人在政治上是荒谬的，在社会上是幼稚的，但他们在闲暇时却是最聪明最理智的。他们有着如此之多的闲暇和悠闲的乐趣，这有关他们生活的一章，就是为愿意接近他们并与之共同生活的读者而作的。这里，中国人才是真正的自己，并且发挥得最好，因为只有在生活上他们才会显示出自己最佳的性格——亲切、友好与温和。

既然有了足够的闲暇，中国人有什么不能做呢？他们食蟹、品茗、尝泉、唱戏、放风筝、踢毽子、比草的长势、糊纸盒、猜谜、搓麻将、赌博、典当衣物、煨人参、看斗鸡、逗小孩、浇花、种菜、嫁接果树、下棋、沐浴、闲聊、养鸟、午睡、大吃二喝、猜拳、看手相、谈狐狸精、看戏、敲锣打鼓、吹笛、练书法、嚼鸭肫、腌萝卜、捏胡桃、放鹰、喂鸽子、与裁缝吵架、去朝圣、拜访寺庙、登山、看赛舟、斗牛、服春药、抽鸦片、闲荡街头，看飞机、骂日本人、围观白人、感到纳闷儿、批评政治家、念佛、练深呼吸、举行佛教聚会、请教算命先生、捉蟋蟀、嗑瓜子、赌月饼、办灯会、焚净香、吃面条、射文虎、养瓶花、送礼祝寿、互相磕头、生孩子、睡大觉。

这是因为中国人总是那么亲切、和蔼、活泼、愉快，那么富有情趣，又是那么会玩儿。尽管现代中国受过教育的人们总是脾气很坏，悲观厌世，失去了一切价值观念，但大多数人还是保持着亲切、和蔼、活泼、愉快的性格，少数人还保持着自己的情趣和玩耍的技巧。这也是自然的，因为情趣来自传统。人们被教会欣赏美的事物，不是通过书本，而是通过社会实例，通过在富有高尚情趣的社会里的生活。工业时代，人们的精神无论如何是丑陋的，而某些中国人的精神——他们把自己的社会传统中一切美好的东西都抛弃掉，而疯狂地去追求西方的东西，可自己又不具备西方的传统，他们的精神更为丑陋。在全上海所有富豪人家的园林住宅中，只有一家是真正的中国式园林，却为一个犹太人所拥有。所有的中国人都醉心于什么网球场、几何状的花床、整齐的栅栏、修剪成圆形或圆锥形的树木，以及按英语字母模样栽培的花草。上海不是中国，但上海却是现代中国往何处去的不祥之兆。它在我们嘴里留下了一股又苦又涩的味道，就像中国人用猪油做的西式奶油糕点那样。它刺激了我们的神经，就像中国的乐队在送葬行列中大奏其“前进，基督的士兵们”一样。传统和趣味需要时间来互相适应。

古代的中国人是有他们自己的情趣的。我们可以从漂亮的古书装帧、精美的信笺、古老的瓷器、伟大的绘画和一切未受现代影响的古玩中看到这些情趣的痕迹。人们在抚玩着漂亮的旧书、欣赏着文人的信笺时，不可能看不到古代的中国人对优雅、和谐和悦目色彩的鉴赏力。仅在二三十年之前，男人尚穿着鸭蛋青的长袍，女人穿紫红色的衣裳，那时的双绉也是真正的双绉，上好的红色印泥尚有市场。而现在整个丝绸工业都在最近宣告倒闭，因为人造丝是如此便宜，如此便于洗涤，三十二元钱一盎司的红色印泥也没有了市场，因为它已被橡皮图章的紫色印油所取代。

古代的亲切和蔼在中国人的小品文中得到了极

好的反映。小品文是中国人精神的产品，闲暇生活的乐趣是其永恒的主题。小品文的题材包括品茗的艺术、图章的刻制及其工艺和石质的欣赏、盆花的栽培，还有如何照料兰花、泛舟湖上、攀登名山、拜谒古代美人的坟墓、月下赋诗，以及在高山上欣赏暴风雨——其风格总是那么悠闲、亲切而文雅，其诚挚谦逊犹如与密友在炉边交谈，其形散神聚犹如隐士的衣着，其笔锋犀利而笔调柔和，犹如陈年老酒。文章通篇都洋溢着这样一个人的精神：他对宇宙万物和自己都十分满意；他财产不多，情感却不少；他有自己的情趣，富有生活的经验和世俗的智慧，却又非常幼稚；他有满腔激情，而表面上又对外部世界无动于衷；他有一种愤世嫉俗般的满足，一种明智的无为；他热爱简朴而舒适的物质生活。这种温和的精神在《水浒传》的序言里表述得最为明显，这篇序文委托给该书作者，实乃17世纪一位批评家金圣叹所作。这篇序文在风格和内容上都是中国小品文的最佳典范，读起来像是一篇专论“悠闲安逸”的文章。使人感到惊讶的是，这篇文章竟被用作小说的序言。

在中国，人们对一切艺术的艺术，即生活的艺术，懂得很多。一个较为年轻的文明国家可能会致力于进步；然而一个古老的文明国度，自然在人生的历程上见多识广，它所感兴趣的只是如何过好生活。就中国而言，由于有了中国的人文主义精神，把人当作一切事物的中心，把人类幸福当作一切知识的终结，于是，强调生活的艺术就是更为自然的事情了。但即使没有人文主义，一个古老的文明也一定会有一个不同的价值尺度，只有它才知道什么是“持久的生活乐趣”，这就是那些感官上的东西，比如饮食、房屋、花园、女人和友谊。这就是生活的本质，这就是为什么像巴黎和维也纳这样古老的城市有良好的厨师、上等的酒、漂亮的女人和美妙的音乐。人类的智慧发展到某个阶段之后便感到无路可走了，于是便不愿意再去研究什么问题，而是像奥玛开阳那样沉湎于世俗生活的乐趣之中了。于是，任何一个民族，如果它不知道怎样像中国人那样吃，如何像他们那样享受生活，那么，在我们眼里，这个民族一定是粗野的，不文明的。

在李笠翁（17 世纪）的著作中，有一个重要部分专门研究生活的乐趣，是中国人生活艺术的袖珍指南，从住宅与庭园、屋内装饰、界壁分隔到妇女的梳妆、美容、施粉黛、烹调的艺术和美食的导引，富人穷人寻求乐趣的方法，一年四季消愁解闷的途径，性生活的节制，疾病的防治，最后是从感觉上把药物分成三类：“本性酷好之药”、“其人急需之药”和“一生钟爱之药”。这一章包含了比医科大学的药学课程更多的用药知识。这个享乐主义的戏剧家和伟大的喜剧诗人，写出了自己心中之言。我们在这里举几个例子来说明他对生活艺术的透彻见解，这也是中国精神的本质。

李笠翁在对花草树木及其欣赏艺术作了认真细致而充满人情味的研究之后，对柳树作了如下论述：

柳贵乎垂，不垂则可无柳。柳条贵长，不长则无袅娜之致，徒垂无益也。此树为纳蝉之所，诸鸟亦集。长夏不寂寞，得时闻鼓吹者，是树皆有功，而高柳为最。总之种树非止娱目，兼为悦耳。目有时见而不娱。以在卧榻之上也；耳则无时不悦。鸟声之最可爱者，不在人之坐时，而偏在睡时。鸟音宜晓听，人皆知之；而其独直于晓之故，人则未之察也。鸟之防弋，无时不然。卯辰以后，是人皆起，人起而鸟不自安矣。虑患之念一生，虽欲鸣而不得，欲亦必无好音，此其不宜于昼也。晓则是人未起，即有起者，数亦寥寥，鸟无防患之心，自能毕其能事。且扪舌一夜，技痒于心，至此皆思调弄，所谓“不鸣则已，一鸣惊人”者是也，此其独宜于晓也。庄子非鱼，能知鱼之乐；笠翁非鸟，能识鸟之情。凡属鸣禽，皆当以予为知己。种树之乐多端，而其不便于雅人者亦有一节：枝叶繁冗，不漏月光。隔婵娟而不使见者，此其无心之过，不足责也。然匪树木无心，人无心耳。使于种植之初，预防及此，留一线之余天，以待月轮出没，则昼夜均受其利矣。

在妇女的服饰问题上，他也有自己明智的见解：

妇人之衣，不贵精而贵洁，不贵丽而贵雅，不贵与家相称，而贵与貌相宜……今试取鲜衣一袭，令少妇数人先后服之，定有一二中看，一二不中看者，以其面色与衣色有相称、不相称之别，非衣有公私向背于其间也。使贵人之妇之面色不宜文采，而宜缟素，必欲去缟素而就文采，不几与面色为仇乎？……大约面色之最白最嫩，与体态之最轻盈者，斯无往而不宜：色之浅者显其淡，色之深者愈显其淡；衣之精者形其娇，衣之粗者愈形其娇……然当世有几人哉？稍近中材者。即当相体裁衣，不得混施色相矣。

记予儿时所见，女子之少者，尚银红桃红，稍长者尚月白。未几而银红桃红皆变大红，月白变蓝，再变则大红变紫，蓝变石青。迨鼎革以后，则石青与紫皆罕见，无论少长男妇，皆衣青矣。

李笠翁接下去讨论了黑色的伟大价值。这是他最喜欢的颜色，它是多么适合于各种年龄、各种肤色，在穷人可以久穿而不显其脏，在富人则可在里面穿着美丽的色彩，一旦有风一吹，里面的色彩便可显露出来，留给人们很大的想象余地。

此外，在“睡”这一节里，有一段漂亮的文字论述午睡的艺术：

然而午睡之乐，倍于黄昏，三时皆所不宜，而独宜于长夏。非私之也，长夏之一日．可抵残冬二日，长夏之一夜，不敌残冬之半夜，使止息于夜，而不息于昼，是以一分之逸，敌四分之劳，精力几何，其能噻此？况暑气铄金，当之未有不倦者。倦极而眠，犹饥之得食，渴之得饮，养生之计，未有善于此者。午餐之后，略逾寸晷，俟所食既消，而后徘徊近榻。又勿有心觅睡，觅睡得睡，其为睡也不甜。必先处于有事，事未毕而忽倦，睡乡之民自来招我。桃源，天台诸妙境，原非有意造之，皆莫知其然而然者，予最爱旧诗中，有“手倦抛书午梦长”一句。于书而眠，意不在睡；抛书而寝，则又意不在书，所谓莫知其然而然也。睡中三昧，唯此得之。

只有当人类了解并实行了李笠翁所描写的那种睡眠的艺术，人类才可以说自己是真正开化的、文明的人类。

心路花语

生活应该是很简单的，但我们可以品尝出许多乐趣。即使生活为所不可的苦痛，但人总要为自己寻找快乐。仁者得仁，智者得智，那是幸运的人可以不用蹦跳就可以到手的苹果。可是我们中的谁，都不能称自己是一个幸运的人。因为或许，明日，我们已经不在人世。

缘起缘灭还自在／李叔同

◎ 作者简介

李叔同（1880—1942），又名李息岸、李岸、李良，祖籍浙江平湖，生于天津。中国话剧的开拓者之一，在音乐、书法、绘画、戏剧方面，都颇有造诣。从日本留学归国后，担任过教师、编辑之职，后剃度为僧，法名演音，后弘一，晚号晚晴老人。

［编者按］赵朴初曾有诗句云：“因缘不思议，新昌喜再来。眷眷佳客至，代代好花开。”其中道尽了因缘的巧妙。什么是因缘？因，指生活结果的直接内在原因；缘，指由外来相助的间接原因。简而言之，即产生结果的一切原因总称为因缘。一切万物皆由因缘之聚散而有生灭，正所谓“缘起缘灭”。

因缘是复杂的，我们很难去看清或者去把握。因缘之妙也就妙在它的不可思议。世人皆是不知不觉随着因缘走，弘一大师的出家也是因缘作用的结果。他在《我在西湖出家的经过》中这样写道：

我从五岁时，即时常和出家人见面，时常看见出家人到我的家里念经及拜忏。于十二三岁时，也曾学了放焰口。可是并没有和有道德的出家人住在一起。同时，也不知道寺院中的内容是怎样的，以及出家人的生活又是如何。

后来，人近中年，在杭州的一所学校当老师时，曾有一次，学校里有一位名人来演讲，我和夏丏尊居士却出门躲避，到湖心亭上去吃茶呢！当时夏丏尊对我说："像我们这种人，出家做和尚倒是很好的。"我听到这句话，就觉得很有意思。这可以说是我后来出家的一个原因了。

后来，我便经常跑到寺庙去小住一段时间，与寺中的法师聊天、一起探讨佛经。那时候就已经穿出家人的衣裳了，而且预备转年再剃度。

及至七月初，夏丏尊居士来了。他看到我穿出家人的衣裳但还未出家，他就对我说："既住在寺里面，并且穿了出家人的衣裳不出家，那是没有什么意思的。所以还是赶紧剃度好！"

我本来是想转年再出家的，但是承他的劝，于是就赶紧出家了。七月十三日那一天，相传是大势至菩萨的圣诞，所以就在那天落发。

一个人的缘起是存在于与周围环境的关系之上的。个人常常被外界人、事、物所影响，同时也不断地影响着外界的人、事、物，这种与周围环境的相互关系，也就形成了相依相成的缘起关系。佛法云："一切随缘，顺其自然。"这是对待因缘的大自在的态度。水在流淌的时候是不会去选择道路的，树在风中摇摆时是自由自在的，人在生命的过程中是应该随缘随性的。

禅院的草地上一片枯黄，小和尚看在眼里，对师父说："师父，快快撒点草子吧，这草地太难看了。"

师父说："不着急，什么时候有空了，我去买一些草子。什么时候都能撒，急什么呢？随时！"

中秋的时候，师父把草子买回来了，给了小和尚，说："去吧，把草子撒在地上。"小和尚高兴地说："草子撒上了，地上就能长出绿油油的青草了！"

起风了，小和尚一边撒，草子一边飘。"不好了，好多草子都被吹飞了！"小和尚喊道。

师父说："没关系，吹走的多半是空的，撒下去也发不了芽，担心什么呢？随性！"

草子撒上了，飞来了许多麻雀，在地上专挑饱满的草子吃，小和尚看见了，惊慌地说："不好了，草子都被小鸟吃了，这下完了，明年这片地就没有小草了！”

师父说：“没关系！小鸟吃不完的！你就放心吧！明年这里一定还会有小草的，随意！”

夜里下了一晚上的雨，雨好大，小和尚一直不能入睡，他担心草子被雨水冲走了。第二天早上，早早就跑出了禅房，果然地上的草子不见了。于是他马上跑进师父的禅房说：“师父，昨夜一场大雨把地上的草子全都冲走了，怎么办呀？”师父不慌不忙地说：“不用着急，草子被冲到哪里它就在哪里发芽！随缘！”

过了没多久，许多青翠的草苗破土而出，原来没有撒到的一些角落里居然也长出了许多青翠的小草苗。

小和尚高兴地对师父说：“师父，太好了，草长出来了！”师父点了点头说：“随喜！”

随是顺其自然。缘起不由人，缘灭不由人，由人的是对缘起缘灭的态度。随便是一种态度。随，不是跟随，而是顺其自然，不怨怼，不躁进，不过度，不强求；随，不是随便，是把握机遇，不悲观，不刻板，不慌乱，不忘形。

心路花语

顺其自然并不是消极地去等待，顺其自然是听从命运的安排。更确切地说，顺其自然是寻求生命的平衡。徐志摩说："得之我幸，不得我命，得失随缘最好。"世间万物缘起缘灭，得失随缘的人方能体悟生命的大自在。

青年佛徒应注意的四项／李叔同

养正院从开办到现在，已是一年多了。外面的名誉很好，这因为由瑞金法师主办，又得各位法师热心爱护，所以能有这样的成绩。

我这次到厦门，得来这里参观，心里非常欢喜。各方面的布置都很完美，就是地上也扫得干干净净的，这样，在别的地方，很不容易看到。

我在泉州草庵大病的时候，承诸位写一封信来，各人都签了名，慰问我的病状，并且又承诸位念佛七天，代我忏悔，还有像这样别的事，都使我感激万分！

再过几个月，我就要到鼓浪屿日光岩去方便闭关了。时期大约颇长久，怕不能时时会到，所以特地发信来和诸位叙谈叙谈。

今天所要和诸位谈的，共有四项：一是惜福，二是习劳，三是持戒，四是自尊，都是青年佛徒应该注意的。

一、惜福

“惜”是爱惜，“福”是福气。就是我们纵有福气，也要加以爱惜，切不可把它浪费。诸位要晓得：末法时代，人的福气是很微薄的。若不爱惜，将这很薄的福享尽了，就要受莫大的痛苦，古人所说“乐极生悲”，就是这意思啊！我记得从前小孩子的时候，我父亲请人写了一副大对联，是清朝刘文定公的句子，高高地挂在大厅的抱柱上，上联是“惜食，惜衣，非为惜财缘惜福”。我的哥哥时常教我念这句子，我念熟了，以后凡是临到穿衣或是饮食的当儿，我都十分注意，就是一粒米饭，也不敢随意糟蹋；而且我母亲也常常教我，身上所穿的衣服当时时小心，不可损坏或污染。这因为母亲和哥哥怕我不爱惜衣食，损失福报以致短命而死，所以常常这样叮嘱着。

诸位可晓得，我五岁的时候，父亲就不在世了！七岁我练习写字，拿整张的纸瞎写，一点儿不知爱惜，我母亲看到，就正言厉色地说：“孩子！你要知道呀！你父亲在世时，莫说这样大的整张的纸不肯糟蹋，就连寸把长的纸条，也不肯随便丢掉哩！”母亲这话，也是惜福的意思啊！

我因为有这样的家庭教育深深地印在脑里，后来年纪大了，也没一时不爱惜衣食；就是出家以后一直到现在，也还保守着这样的习惯。诸位请看我脚上穿的一双黄鞋子，还是1920年在杭州时候，一位打念佛七的出家人送给我的。又诸位有空，可以到我房间里来看看我的棉被面子，还是出家以前所用的；又有一把洋伞，也是1911年买的。这些东西，即使有破烂的地方，请人用针线缝缝，仍旧同新的一样了。简直可尽我形寿受用着哩！不过，我所穿的小衫裤和罗汉草鞋一类的东西，却须五六年一换，除此以外，一切衣物大都是在家时候或是初出家时候制的。

从前常有人送我好的衣服或别的珍贵之物，但我大半都转送别人。因为我知道我的福薄，好的东西是没有胆量受用的。又如吃东西，只生病时候吃一些好的，除此以外，从不敢随便乱买好的东西吃。

惜福并不是我一个人的主张，就是净土宗大德印光老法师也是这样，有人送他白木耳等补品，他自己总不愿意吃，转送到观宗寺去供养谛闲法师。别人问他："法师！你为什么不吃好的补品？"他说："我福气很薄，不堪消受。"

他老人家——印光法师，性情刚直，平常对人只问理之当不当，情面是不顾的。前几年有一位皈依弟子，是鼓浪屿有名的居士，去看望他，和他一道吃饭，这位居士先吃好，老法师见他碗里剩落了一两粒米饭；于是就很不客气地大声呵斥道："你有多大福气，可以这样随便糟蹋饭粒，你得把它吃光！"

诸位！以上所说的话，句句都要牢记！要晓得：我们即使有十分福气，也只好享受三分，所余的可以留到以后去享受；诸位或者能发大心，愿以我的福气，布施一切众生，共同享受，那更好了。

二、习劳

"习"是练习，"劳"是劳动。现在讲讲习劳的事情：

诸位请看看自己的身体，上有两手，下有两脚，这原为劳动而生的。若不将他运用习劳，不但有负两手两脚，就是对于身体也一定有害无益的。换句话说：若常常劳动，身体必定康健。而且我们要晓得：劳动原是人类本分上的事，不唯我们寻常出家人要练习劳动，即使到了佛的地位，也要常常劳动才行，现在我且讲讲佛的劳动的故事：

所谓佛，就是释迦牟尼佛。在平常人想起来，佛在世时，总以为同现在的方丈和尚一样，有衣钵师、侍者师常常侍候着，佛自己不必做什么；但是不然，有一天，佛看到地下不很清洁，自己就拿起扫帚来扫地，许多大弟子见了，也过来帮扫，不一时，把地扫得十分清洁。佛看了欢喜，随即到讲堂里去说法，说道："若人扫地，能得五种功德……"

又有一个时候，佛和阿难出外游行，在路上碰到一个喝醉了酒的弟子，已醉得不省人事了；佛就命阿难抬脚，自己抬头，一直抬到井边，用桶汲水，叫阿难把他洗濯干净。

有一天，佛看到门前木头做的横楣坏了，自己动手去修补。

有一次，一个弟子生了病，没有人照应，佛就问他说："你生了病，为什么没人照应你？"那弟子说："从前人家有病，我不曾发心去照应他；现在我有病，所以人家也不来照应我了。"佛听了这话，就说："人家不来照应你，就由我来照应你吧！"

就将那病弟子大小便种种污秽，洗濯得干干净净；并且还将他的床铺，理得清清楚楚，然后扶他上床。由此可见，佛是怎样的习劳了。佛决不像现在的人，凡事都要人家服劳，自己坐着享福。这些事实，出于经律，并不是凭空说说的。

现在我再说两桩事情，给大家听听：弥陀经中载着的一位大弟子——阿楼陀，他双目失明，不能料理自己，佛就替他裁衣服，还叫别的弟子一道帮着做。

有一次，佛看到一位老年比丘眼睛花了，要穿针缝衣，无奈眼睛看不清楚，嘴里叫着："谁能替我穿针呀！”

佛听了立刻答应说：“我来替你穿。”

以上所举的例，都证明佛是常常劳动的。我盼望诸位，也当以佛为模范，凡事自己动手去做，不可依赖别人。

三、持戒

“持戒”二字的意义，我想诸位总是明白的吧！我们不说修到菩萨或佛的地位，就是想来生再做人，最低的限度也要能持五戒。可惜现在受戒的人虽多，只是挂个名而已，切切实实能持戒的却很少。要知道：受戒之后，若不持戒，所犯的罪，比不受戒的人要加倍的大，所以我时常劝人不要随便受戒。至于现在一般传戒的情形，看了真痛心，我实在说也不忍说了！我想最好还是随自己的力量去受戒，万不可敷衍门面，自寻苦恼。

戒中最重要的，不用说是杀、盗、淫、妄，此外还有饮酒、食肉，也易惹人讥嫌。至于吃烟，在律中虽无明文，但在我国习惯上，也很容易受人讥嫌的，总以不吃为是。

四、自尊

“尊”是尊重，“自尊”就是自己尊重自己，可是人都喜欢人家尊重我，而不知我自己尊重自己；不知道要想人家尊重自己，必须从我自己尊重自己做起。怎样尊重自己呢？就是自己时时想着：我当做一个伟大的人，做一个了不起的人。比如我们想做一位清净的高僧吧，就拿高僧传来读，看他们怎样行，我也怎样行，所谓“彼既丈夫我亦尔”。又比方我想将来做一位大菩萨，那么，就当依经中所载的菩萨行，随力行去。这就是自尊。但自尊与贡高不同：贡高是妄自尊大，目空一切的胡乱行为；自尊是自己增进自己的德业，其中并没有一丝一毫看不起人的意思的。诸位万万不可以为自己是一个小孩子，是一个小和尚，一切不妨随便些，也不可说我是一个平常的出家人，哪里敢希望做高僧做大菩萨。凡事全在自己做去，能有高尚的志向，没有做不到的。

诸位如果在这样想：我是不敢希望做高僧、做大菩萨的，那做事就随随便便，甚至自暴自弃，走到堕落的路上去了，那不是很危险的吗？诸位应当知道：年纪虽然小，志气却不可不高啊！

我还有一句话，要向大家说，我们现在依佛出家，所处的地位是非常尊贵的，就以剃发、披袈裟的形式而论，也是人天师表，国王和诸天人来礼拜，我们都可端坐而受。你们知道这道理吗？自今以后，就当尊重自己，万万不可随便了。

以上四项，是出家人最当注意的，别的我也不多说了。我不久就要闭关，不能和诸位时常在一块儿谈话，这是很抱歉的。但我还想在关内讲讲律，每星期约讲三四次，诸位碰到例假，不妨来听听！今天得和诸位见面，我非常高兴。我只希望诸位把我所讲的四项，牢记在心，作为永久的纪念！时间讲得很久了，费诸位的神，抱歉！抱歉！

心路花语

只有埋头苦干的人，才能成就一番事业。自以为是、自高自大、不脚踏实地的人，再有才华、有天分，也很难有所成就。

李叔同从“惜福”“习劳”“持戒”“自尊”四个方面来写佛徒修行应注意的内容。语言淡然，富有哲理，其实对世人都是一种教诲，都能从中领会到些许东西。

一件小事 / 鲁迅

◎ 作者简介

鲁迅（1881—1936），浙江绍兴人，原名周树人，字豫山、豫亭，后改名为豫才。伟大的无产阶级文学家、思想家、革命家，中国文化革命的主将。

著有小说集《呐喊》、《彷徨》，散文集《朝花夕拾》，散文诗集《野草》，杂文集《坟》等。

我从乡下跑到京城里，一转眼已经六年了。其间耳闻目睹的所谓国家大事，算起来也很不少；但在我心里，都不留什么痕迹，倘要我寻出这些事的影响来说，便只是增长了我的坏脾气——老实说，便是教我一天比一天的看不起人。

但有一件小事，却于我有意义，将我从坏脾气里拖开，使我至今忘记不得。

这是民国六年的冬天，大北风刮得正猛，我因为生计关系，不得不一早在路上走。一路几乎遇不见人，好容易才雇定了一辆人力车，教他拉到S门去。不一会儿，北风小了，路上浮尘早已刮净，剩下一条洁白的大道来，车夫也跑得更快。刚近S门，忽而车把上带着一个人，慢慢地倒了。

跌倒的是一个女人，花白头发，衣服都很破烂。伊从马路上突然向车前横截过来；车夫已经让开道，但伊的破棉背心没有上扣，微风吹着，向外展开，所以终于兜着车把。幸而车夫早有点儿停步，否则伊定要栽一个大筋斗，跌到头破血出了。

伊伏在地上；车夫便也立住脚。我料定这老女人并没有伤，又没有别人看见，便很怪他多事，要自己惹出是非，也误了我的路。

我便对他说，“没有什么的。走你的罢!”

车夫毫不理会——或者并没有听到——却放下车子，扶那老女人慢慢起来，搀着臂膊立定，问伊说：

“你怎么啦?”

“我摔坏了。”

我想，我眼见你慢慢倒地，怎么会摔坏呢，装腔作势罢了，这真可憎恶。车夫多事，也正是自讨苦吃，现在你自己想法去。

车夫听了这老女人的话，却毫不踌躇，仍然搀着伊的臂膊，便一步一步地向前走。我有些诧异，忙看前面，是一所巡警分驻所，大风之后，外面也不见人。这车夫扶着那老女人，便正是向那大门走去。

我这时突然感到一种异样的感觉，觉得他满身灰尘的后影，霎时高大了，而且愈走愈大，须仰视才见。而且他对于我，渐渐的又几乎变成一种威压，甚而至于要榨出皮袍下面藏着的“小”来。

我的活力这时大约有些凝滞了，坐着没有动，也没有想，直到看见分驻所里走出一个巡警，才下了车。

巡警走近我说：“你自己雇车罢，他不能拉你了。”

我没有思索地从外套袋里抓出一大把铜元，交给巡警，说："请你给他……"

风全住了，路上还很静。我走着，一面想，几乎怕敢想到自己。以前的事姑且搁起，这一大把铜元又是什么意思？奖他吗？我还能裁判车夫吗？我不能回答自己。

这事到了现在，还是时时记起。我因此也时时熬了苦痛，努力地要想到我自己。几年来的文治武力，在我早如幼小时候所读过的"子曰诗云"一般，背不上半句了。独有这一件小事，却总是浮在我眼前，有时反更分明，教我惭愧，催我自新，并且增长我的勇气和希望。

心路花语

"一件小事"，生活中这样的小事有无数件，而且每天都在发生。鲁迅先生用详细、生动而又透彻的笔调来描写这件小事，从普通的平凡事件中悟出不平凡的道理。

老女人最终有没有被撞其实不重要，重要的是这位车夫为别人着想的行为深深地打动了鲁迅先生，也打动了每一位读者。不管地位的高低，钱财的多少，怀着一个仁爱的心，高尚的品质，生活便会过得舒畅。

中国人的国民性 / 林语堂

一

中国向来称为老大帝国。这老大二字有深意存焉，就是既老又大。老字易知，大字就费解而难明了。所谓老者第一义就是年老之老。今日小学生无不知中国有五千年的历史，这实在是我们可以自负的。无论这五千年中是怎样混法，但是五千年的的确确被我们混过去了。一个国家能混过上下五千年，无论如何是值得敬仰的。国家和人一样，总是贪生想活，与其聪明而早死，不如糊涂而长寿。中国向来提倡敬老之道，老人有什么可敬呢？是敬他生理上一种成功，抵抗力之坚强；别人都死了，而他偏还活着。这百年中，他的同辈早已逝世，或死于水，或死于火，或死于病，或死于匪，灾旱寒暑攻其外，喜怒忧乐侵其中，而他能保身养生，终是胜利者。这是敬老之真义。敬老的真谛，不在他德高望重，福气大，子孙多，倘使你遇到道旁一个老丐，看见他寒穷，无子孙，德不高望不重，遂不敬他，这不能算为真正敬老的精神。所以敬老是敬他的寿考而已。对于一个国家也是这样。中国有五千年连绵的历史，这五千年中多少国度相继兴亡，而他仍存在；这五千年中，他经过多少的旱灾水患，外敌的侵凌，兵匪的蹂躏，还有更可怕的文明的病毒，假使在于神经较敏锐的异族，或者早已灭亡，而中国今日仍存在，这不能不使我们赞叹的。这种地方，只可意会，不可言传。同时老字还有旁义。就是“老气横秋”，“脸皮老”之老。人越老，脸皮总是越厚。中国这个国家，年龄总比人家大，脸皮也比人家厚。年纪一大，也就倚老卖老，荣辱祸福都已置之度外，不甚为意。张山来说得好：“少年人须有老成人之识见，老成人须有少年人之襟怀；”就是少年识见不如老辈，而老辈襟怀不如少年。少年人志高气扬，鹏程万里，不如老马之伏枥就羁。所以孔子是非常反对老年人之状况的。一则曰“不知老之将至”，再则曰“老而不死是为贼”，三则曰“及其老也，戒之在得”。戒之在得是骂老人之贪财，容易患了晚年失节之过。俗语说“鸨儿爱钞，姐儿爱俏”，就是孔子的意思。姐儿是讲理想主义者，鸨儿是讲现实主义者。

大是伟大之义。中国人谁想中国真伟大啊！其实称人伟大，就是不懂之意。以前有黑人进去听教师讲道，人家问他意见如何，他说“伟大啊”。人家问他怎样伟大，他说“一个字也听不懂”。不懂时就伟大，而同时伟大就是不可懂。你看路上一个同胞，或是洗衣匠，或是裁缝，或是黄包车夫，形容并不怎样令人起敬起畏。然而试想想他的国度曾经有五千年历史，希腊罗马早已亡了，而他巍然获存。他所代表的中国，虽然有点昏沉老耄，国势不振，但是他有绵长的历史，有古远的文化，有一种处世的人生哲学，有文学，美术，书画，建筑足以西方媲美。别人的种族，经过几百年文明，总是腐化，中国的民族还能把河南犹太民族吸引同化。这是西洋民族所未有的事。中国的历史比他国有更长的不断的经过，中国的文化也比他国能够传遍较大的领域。据实用主义的标准讲，他在优胜劣败的战场上是胜利者，所以这文化，虽然有许多弱点，也有竞存的效果。所以你越想越不懂，而因为不懂，所以你越想中国越伟大起来了。

二

老实讲，中国民族经过五千年的文明，在生理上也有相当的腐化，文明生活总是不利于民族的。中国人经过五千年的叩头请揖让跪拜，五千年说“不错，不错，”所以下巴也缩小了，脸庞也圆滑了。一个民族五千年中专说“啊！是的，是的，不错，不错，”脸庞非圆起来不可。江南为文化之区，所以江南也多小白脸。最容易看出的是毛发与皮肤。中国女人比西洋妇人皮肤嫩，毛孔细，少腋臭，这是谁都承认的。

还有一层，中国民族所以生存到现在，也一半靠外族血脉的输入，不然今日恐尚不止此颓唐萎靡之势。今日看看北方人与南方人体格便知此中的分别。（南人不必高兴，北人不必着慌，因为所谓“纯粹种族”在人类学上承认“神话”，今日国中就没人能指出谁是“纯粹中国人”。）中国历史，每八百年必有王者兴，其实不是因为王者，是因为新血之加入。世界没有国家经过五百年以上而不变乱的；其变乱之源就是因为太平了四五百年，民族就腐化，户口就稠密，经济就穷窘，一穷就盗贼瘟疫相继而至，非革命不可。所以每八百年的周期中，首四五百年是太平的，后二三百年就是内乱兵匪，由兵匪起而朝代灭亡，始而分裂，继而迁都，南北分立，终而为外族所克服，克服之后，有了新血脉然后又统一，文化又昌盛起来。周朝八百年是如此。先统一后分裂，再后楚并诸侯南方独立，再后灭于秦。由秦至隋也是约八百年一期，汉晋是比较统一，到了东晋便五胡乱华，到隋才又统一。由隋至明也是约八百年，始而太平，国势大振，到南宋而渐微，到元而灭。由明到清也是一期，太平五百年已过，我们只能希望此后变乱的三百年不要开始，这曾经有人做过很详细的统计。总而言之，北方人种多受外族的混合，所以有北方之强，为南人所无。你看历代建朝帝王都是出于长江以北，没有一个出于长江以南。所以中国人有句话，叫做，吃面的可以做皇帝，而吃米的不能做皇帝。曾国藩不幸生于长江以南，又是湖南产米之区，米吃得太多，不然早已做皇帝了。再精细考究，除了周武王秦始皇及唐太祖生于西北陇西以外，历朝开国皇帝都在陇海路附近，安徽之东，山东之西，江苏之北，河北之南。汉高祖生于江北，晋武帝生于河南，宋太祖出河北，明太祖出河南。所以江淮盗贼之薮，就是皇帝发祥之地。你们谁有女儿，要求女婿或是要学吕不韦找邯郸姬生个皇帝儿，求之陇海路上之三等车中，可也。考之近日武人，山东出了吴佩孚、张宗昌、孙传芳、卢永祥，河北出了齐燮元、李景琳、强之江、鹿钟麟，河南出一袁世凯，险些儿就登了龙座，安徽也出了冯玉祥、段祺瑞，江南向来没有产过名将，只出了几个很好的茶房。

三

但是虽有此南北之分，与外族对立而言，中国民族尚不失为有共同的特殊个性。这个国民性之来由，有的由于民种，有的由于文化，有的是由于经济环境得来的。中国民族也有优点，也有劣处，若俭朴，若爱自然，若勤俭，若幽默，好的且不谈，谈其坏的。为国与为人一样，当就坏处着想，勿专谈己长，才能振作。有人要谈民族文学也可以，但是夸张轻狂，不自检省，终必灭亡。最要紧是研究我们的弱点何在，及其弱点之来源。

我们姑先就这三个弱点：忍耐性、散漫性及老猾性，研究一下，并考其来源。我相信这些都是一种特殊文化及特殊环境的结果，不是上天生就华人，就是这样忍辱含垢，这样不能团结，这样老猾奸诈。这有一方法可以证明，就是人人在他自己的经历，可以体会出来。本来人家说屁话，我就反对；现在人家说屁话，我点头称善曰："是啊，不错不错。"由此度量日宏而福泽日深。由他人看来，说是我的修养工夫进步。不但在我如此，其实人人如此。到了中年的人，若肯诚实反省，都有这样修养的进步。二十岁青年都是热心国事，三十岁的人都是"国事管他娘"。我们要问，何以中国社会使人发生忍耐，莫谈国事，及八面玲珑的态度呢？我想含忍是由家庭制度而来，散漫放逸是由于人权没有保障，而老猾敷衍是由于道家思想。自然各病不只一源，而且其中各有互相关系；但为讲解得清楚便利，可以这样暂时分个源流。

忍耐，和平，本来也是美德之一。但是过犹不及；在中国忍辱含垢，唾面自干已变成君子之德。这忍耐之德也就成为国民之专长。所以西人来华传教，别的犹可，若是白种人要教黄种人忍耐和平无抵抗，这简直是太不自量而发热昏了。在中国，逆来顺受已成为至理名言，弱肉强食，也几乎等于天理。贫民遭人欺负，也叫忍耐，四川人民预缴三十年课税，结果还是忍耐。因此忍耐乃成为东亚文明之特征。然而越“安排吃苦”越有苦可吃。若如中国百姓不肯这样地吃苦，也就没有这么许多苦吃。所以在中国贪官剥削小百姓，如大鱼吃小鱼，可以张开嘴等小鱼自己游进去，不但毫不费力，而且甚合天理。俄国有个寓言，说一日有小鱼反对大鱼的歼灭同类，就对大鱼反抗，说“你为什么吃我?”大鱼说:“那么，请你试试看。我让你吃，你吃得下去么?”这大鱼的观点就是中国人的哲学，叫做守己安分。小鱼退避大鱼谓之“守己”，退避不及游入大鱼腹中谓之“安分”。这也是吴稚晖先生所谓“相安为国”，你忍我，我忍你，国家就太平无事了。

这种忍耐的态度，我想是由大家庭生活学来的。一人要忍耐，必先把脾气炼好，脾气好就忍耐下去。中国的大家庭生活，天赋给我们练习忍耐的机会，因为在大家庭中，子忍其父，弟忍其兄，妹忍其姊，侄忍叔，妇忍姑，妯娌忍其妯娌，自然成为五代同堂团圆局面。这种日常生活磨炼影响之大，是不可忽略的。这并不是我造谣。以前张公艺九代同堂，唐高宗到他家问何诀。张公艺只请纸连写一百个“忍”字。这是张公艺的幽默，是对大家庭制度最深刻的批评。后人不察，反拿百忍当传家宝训。自然这也有道理。其原因是人口太多，聚在一起，若不相容，就无处翻身，在家在国，同一道理。能这样相忍为家者，自然也能相安为国。

在历史上，我们也可证明中国人明哲保身莫谈国事决非天性。魏晋清谈，人家骂为误国。那时的文人，不是隐逸，便是浮华，或者对酒赋诗，或者炼丹谈玄，而结果有永嘉之乱，这算是中国人最消极最漠视国事之一时期，然而何以养成此普遍清谈之风呢？历史的事实，可以为我们明鉴。东汉之末，子大夫并不是如此的。太学生三万人常常批评时政，是谈国事，不是不谈的。然而因为没有法律的保障，清议之权威抵不过宦官的势力，终于有党锢之祸。清议之士，大遭屠杀，或流或刑，或夷其家族，杀了一次又一次。于是清议之风断，而清谈之风成，聪明的人或故为放逸浮夸，或沉湎酒色，而达到酒德颂的时期。有的避入山中，蛰居子屋，由窗户传食。有的化为樵夫，求其亲友不要来访问，以避耳目。竹林七贤出，而大家以诗酒为命。刘伶出门带一壶酒，叫一人带一铁锹，对他说“死便埋我”，而时人称贤。贤就是聪明，因为他能佯狂，而得善终。时人佩服他，如小龟佩服大龟的龟壳的坚实。

所以要中国人民变散漫为团结，化消极为积极，必先改此明哲保身的态度，而要改明哲保身的态度，非几句空言所能济事，必改造使人不得不明哲保身的社会环境，就是给中国人民以公道法律的保障，使人人在法律范围之内，可以各开其口，各做其事，各展其才，各行其志。不但扫雪，并且管霜。换句话说，要中国人不像一盘散沙，根本要着，在给予宪法人权之保障。但是今日能注意到这一点道理，真正参悟这人权保障与我们处世态度互相关系的人，真寥若晨星了。

心路花语

在反思中国人的国民性的著作中，本文是具有独特的价值的。林语堂先生在看透中国人的老大自居和“忍耐性，散漫性及老猾性”等人性弱点的同时深究其根源，认为种种劣迹的繁衍在于世道和人心的相互改造。

这是林语堂先生信手拈来的精致美文，它从容不迫，谈古论今，确凿而有理，使人不能不信服。

广结善缘带来好人缘 / 圣严法师

◎ 作者简介

圣严法师（1930—2009），中国佛学大师、教育家、佛教弘法大师、日本立正大学博士，也是禅宗曹洞宗的第五十代传人、临济宗的第五十七代传人、台湾法鼓山的创办人。著有《正信的佛教》、《信心铭》、《寰游自传》及《禅修指引》，这些著述均受广大读者的欢迎。

我们都知道贪是不好的习惯，可是有时候我们又会走入另一个极端——悭，也就是小气、舍不得和吝啬，有人以为这是节省，其实悭和节省是两回事。

悭和节省的差别，主要在于节省的目的，譬如我们有十块钱，为了布施而量入为出，努力节省了一块钱，这就不是悭。相反地，如果我的生活只需花费五块钱，可是当没饭吃、没衣服穿的人向我们求救时，也舍不得将剩余的五块钱布施给人的话，那就是悭了。

因此，悭是即使自己有多余的东西也不给人，而宁可把它贮藏起来，这样的行为对他人没有利益。

但它不像贪是硬把别人的东西变成自己的，所以不会损害到人，和贪比起来稍微好一些。

虽然悭不会伤害别人，可是许多人就是因为舍不得布施，反而阻碍了自己的成长和事情的发展。譬如有的人学问很好、知识非常丰富，或是技术相当精巧，但他就是不愿传授给人，也不愿意分享给人，死的时候等于把智慧财产带到棺材里，这不就等于没有用了吗？

又譬如你公司里有很多的职员，他们为你赚了很多的钱，结果你一毛不拔，那么这个公司还能继续存在吗？有利就应该共同分享，而分享的时候可以分层次，付出的多分享的多，付出的少则分享的少。

一个老板付出的是资本、是他的智慧与心力，因为他付出的最多，所以得到的多是正常的。但是，一般职员至少也付出了劳力、智慧和努力，甚至还付出了超额的时间来为公司工作，所以给予适当公平、合理的分享，是应该的。如果只晓得剥削，或者不愿意和员工分享利益，就会渐渐失去向心力和人缘，这就是悭吝带来的损害。

有的人虽然没有什么财产，但是他很慷慨，愿意把所有的东西与他人分享，因为这么慷慨，所以大家都相信他、拥护他，可说是一个领袖人才。而一个悭吝的人，因为不愿意把自己的所有和人分享，所以没有人缘，也不会得到别人的拥戴。

但是，慷慨和“打肿脸充胖子”还是有差别的。慷慨是自己没有，或有的不多，而尽其所能地奉献给人；而有的人则是自己没有，却拿别人的东西，譬如用赊、借、偷、抢等方式所获得的东西来和别人一起享受，也就是慷他人之慨，是在打肿脸充胖子了。

今生没有广结人缘的人，来生只会是个愚蠢的人。如果能将自己所拥有的东西与人分享，来生才会增长福慧。

心路花语

与人为善是一种高尚的品德，更是一种征服人心、征服世界的力量。每一个人都应该时时心存善念，为自己也为他人创造一片广阔而和谐的世界。

好人缘是好生活的一个重要因素，有了好人缘会生活顺畅通达。圣严法师运用智慧的佛家思想，辩证地为我们讲述结善的力量。

第二辑
用心聆听自然的声音

自然就像一道无比绚烂的彩虹，生活像一杯浓郁可口的咖啡；自然像一支悠扬委婉的乐曲，生活像一片蔚蓝浩瀚的大海。不管生活是酸、是甜、是苦还是咸，看一看美丽的自然，我们的生活便充满了情趣。大自然不声不响，却给人超能的力量，陶冶着我们的情操，净化着我们的心灵。如果你烦了、累了，那就暂时停下你忙碌的脚步，投身于大自然的怀抱，尽情享受大自然的美好吧。

秋 / 丰子恺

◎ 作者简介

丰子恺（1898—1975），原名丰润，浙江桐乡人，中国现代漫画家和散文家。在美术方面曾出版过《护生画集》、《子恺漫画》，在散文方面曾先后出版了《缘缘堂随笔》、《子恺小品集》、《丰子恺创作选》等。

我的年岁上冠用了“三十”二字，至今已两年了。不解达观的我，从这两个字上受到了不少的暗示与影响。虽然明明觉得自己的体格与精力比二十九岁时全然没有什么差异，但“三十”这一个观念笼在头上，犹之张了一顶阳伞，使我的全身蒙了一个暗淡色的阴影，又仿佛在日历上撕过了立秋的一页以后，虽然太阳的炎威依然没有减却，寒暑表上的热度依然没有降低，然而只当得余威与残暑，或霜降木落的先驱，大地的节候已从今移交于秋了。

实际，我两年来的心情与秋因最容易调和而融合。这情形与从前不同。在往年，我只慕春天。我最欢喜杨柳与燕子。尤其欢喜初染鹅黄的嫩柳。我曾经称自己的寓居为“小杨柳屋”，曾经画了许多杨柳燕子的画，又曾经摘取秀长的柳叶，在厚纸上裱成各种风调的眉，想象这等眉的所有者的颜貌，而在其下面添描出眼鼻与口。那时候我每逢早春时节，正月二月之交，看见杨柳枝的线条上挂了细珠，带了隐隐的青色而“遥看近却无”的时候，我心中便充满了一种狂喜，这狂喜又立刻变成焦虑，似乎常常在说：“春来了！不要放过！赶快设法招待它，享乐它，永远留住它。”我读了“良辰美景奈何天”等句，曾经真心地感动。以为古人都太惜一春的虚度。前车可鉴！到我手里决不放它空过了。最是逢到了古人惋惜最深的寒食清明，我心中的焦灼便更甚。那一天我总想有一种足以充分酬偿这佳节的举行。我准拟作诗、作画，或痛饮、漫游。虽然大多不被实行；或实行而全无效果，反而中了酒、闹了事，换得了不快的回忆；但我总不灰心，总觉得春的可恋。我心中似乎只有知道春，别的三季在我都当做春的预备，或待春的休息时间，全然不曾注意到它们的存在与意义。而对于秋，尤无感觉：因为夏连续在春的后面，我可当做春的过剩；冬先行春的前面，我可当做春的准备；独有与春全无关联的秋，在我心中一向没有它的位置。

自从我的年龄告了立秋以后，两年来的心境完全转了一个方向，也变成秋天了。然而情形与前不同：并不是在秋日感到像昔日的狂喜与焦灼。我只觉得一到秋天，自己的心境便十分调和。非但没有那种狂喜与焦灼，常常被秋风秋雨秋色秋光所吸引而融化在秋中，暂时失却了自己的所在。而对于春，又并非像昔日对于秋的无感觉。我现在对于春非常厌恶。每当万象回春的时候，看到群花的斗艳、蜂蝶的扰攘，以及草木昆虫等到处争先恐后地滋生繁殖的状态，我觉得天地间的凡庸、贪婪、无耻与愚痴，无过于此了！尤其是在青春的时候，看到柳条上挂了隐隐的绿珠，桃枝上着了点点的红斑，最使我觉得可笑又可怜。我想唤醒一个花蕊来对它说："啊！你也来反复这老调了！我眼看见你的无数的祖先，个个同你一样地出世，个个努力发展、争荣竞秀；不久没有一个不憔悴而化泥尘。你何苦也来反复这老调呢？如今你已长了这孽根，将来看你弄娇弄艳、装笑装颦，招致了蹂躏、摧残、攀折之苦，而步你的祖先们的后尘！"

实际上，迎送了三十几次的春来春去的人，对于花事早已看得厌倦，感觉已经麻木，热情已经冷却，决不会再像初见世面的年轻少女般地为花的幻姿所诱惑而赞之、叹之、怜之、惜之了。况且天地万物，没有一件逃得出荣枯、盛衰、生灭、有无之理。过去的历史昭然地证明着这一点，无需我们再说。古来无数的诗人千篇一律地为伤春惜花费词，这种效颦也觉得可厌。假如要我对于世间的生荣死灭费一点词，我觉得生荣不足道，而宁愿欢喜赞叹一切的死灭。对于死者的贪婪、愚昧与怯弱，后者的态度何等谦逊、悟达而伟大！我对于春与秋的舍取，也是为了这一点。

夏目漱石三十岁的时候，曾经这样说："人生二十而知有生的利益；二十五而知有明之处必有暗；至于三十的今日，更知明多之处暗亦多，欢浓之时愁亦重。"我现在对于这话也深抱同感；有时又觉得三十的特征不止这一端，其更特殊的是对于死的体感。青年们恋爱不遂的时候惯说生生死死，然而这不过是知有"死"的一回事而已，不是体感。犹之在饮冰挥扇的夏日，不能体感到围炉拥衾的冬夜的滋味。就是我们阅历了三十几度寒暑的人，在前几天的炎阳之下也无论如何感不到浴日的滋味。围炉、拥衾、浴日等事，在夏天的人的心中只是一种空虚的知识，不过晓得将来须有这些事而已，但是不能体感它们的滋味。须得入了秋天，炎阳逞尽了威势而渐渐退却，汗水浸胖了的肌肤渐渐收缩，身穿单衣似乎要打寒噤，而手触法郎绒觉得快适的时候，于是围炉、拥衾、浴日等知识方能渐渐融入体验界中而化为体感。我的年龄告了立秋以后，心境中所起的最特殊的状态便是这对于“死”的体感。以前我的思虑真疏浅！以为春可以常在人间，人可以永在青年，竟完全没有想到死。又以为人生的意义只在于生，我的一生最有意义，似乎我是不会死的。直到现在，仗了秋的慈光的鉴照，死的灵气钟育，才知道生的甘苦悲欢，是天地间反复过亿万次的老调，又何足珍惜？我但求此生的平安的度送与脱出而已。犹之罹了疯狂的人，病中的颠倒迷离何足计较？但求其去病而已。

我正要搁笔，忽然西窗外黑云弥漫，天际闪出一道电光，发出隐隐的雷声，骤然洒下一阵夹着冰雹的秋雨。啊！原来立秋过得不多天，秋心稚嫩而未曾老练，不免还有这种不调和的现象，可怕哉！

一九二九年

心路花语

春与秋其代序，皆是自然的规律。恰如作者一开始喜春不知秋，到最后喜秋而厌春，亦是一种转变。随着时间的推移，很多事情都在改变，人的心境、心情更是如此。任凭时光荏苒，唯独我们的心是值得思考的，只有坦然的心境，才能领略春华秋实的别样情味。

乌篷船／周作人

◎ 作者简介

周作人（1885—1967），中国现代散文家、文学理论家、评论家、诗人、翻译家、思想家，中国民俗学开拓人，新文化运动的杰出代表。

子荣君：

接到手书，知道你要到我的故乡去，叫我给你一点什么指导。老实说，我的故乡，真正觉得可怀恋的地方并不是那里；但是因为在那里生长，住过十多年，究竟知道一点情形，所以写这一封信告诉你。

我所要告诉你的，并不是那里的风土人情，那是写不尽的，但是你到那里一看也就会明白的，不必啰唆地多讲。我要说的是一种很有趣的东西，这便是船。你在家乡平常总坐人力车、电车或是汽车，但在我的故乡那里这些都没有，除了在城内或山上是用轿子以外，普通代步都是用船。船有两种，普通坐的都是“乌篷船”，白篷的大抵做航船用，坐夜航船到西陵去也有特别的风趣，但是你总不便坐，所以我就可以不说了。乌篷船大的为“四明瓦”

（Symenngoa），小的为脚划船（划读 uoa）亦称小船。但是最适用的还是在这中间的“三道”，亦即三明瓦。篷是半圆形的，用竹片编成，中夹竹箬，上涂黑油，在两扇“定篷”之间放着一扇遮阳，也是半圆的，木做格子，嵌着一片片的小鱼鳞，径约一寸，颇有点透明，略似玻璃而坚韧耐用，这就称为明瓦。三明瓦者，谓其中舱有两道，后舱有一道明瓦也。船尾用橹，大抵两支，船首有竹篙，用以定船。船头着眉目，状如老虎，但似在微笑，颇滑稽而不可怕，唯白篷船则无之。三道船篷之高大约可以使你直立，舱宽可以放下一顶方桌，四个人坐着打麻将——这个恐怕你也已学会了罢？小船则真是一叶扁舟，你坐在船底席上，篷顶离你的头有两三寸，你的两手可以搁在左右的舷上，还把手都露出在外边。在这种船里仿佛是在水面上坐，靠近田岸去时泥土便和你的眼鼻接近，而且遇着风浪，或是坐得少不小心，就会船底朝天，发生危险，但是也颇有趣味，是水乡的一种特色。不过你总可以不必去坐，最好还是坐那三道船罢。

你如坐船出去，可是不能像坐电车的那样性急，立刻盼望走到。倘若出城，走三四十里路（我们那里的里程是很短，一里才及英里三分之一），来回总要预备一天。你坐在船上，应该是游山的态度，看看四周物色，随处可见的山，岸旁的乌桕，河边的红蓼和白苹、渔舍，各式各样的桥，困倦的时候睡在舱中拿出随笔来看，或者冲一碗清茶喝喝。偏门外的鉴湖一带，贺家池，壶筋左近，我都是喜欢的，或者往娄公埠骑驴去游兰亭（但我劝你还是步行，骑驴或者于你不很相宜），到得暮色苍然的时候进城上都挂着薜荔的东门来，倒是颇有趣味的事。倘若路上不平静，你往杭州去时可于下午开船，黄昏时候的景色正最好看，只可惜这一带地方的名字我都忘记了。夜间睡在舱中，听水声橹声，来往船只的招呼声，以及乡间的犬吠鸡鸣，也都很有意思。雇一只船到乡下去看庙戏，可以了解中国旧戏的真趣味，而且在船上行动自如，要看就看，要睡就睡，要喝酒就喝酒，我觉得也可以算是理想的行乐法。只可惜讲维新以来这些演剧与迎会都已禁止，中产阶级的低能人另在“布业会馆”等处建起“海式”的戏场来，请大家买票看上海的猫儿戏。这些地方你千万不要去。——你到我那故乡，恐怕没有一个人认得，我又因为在教书不能陪你去玩，坐夜船，谈闲天，实在抱歉而且惆怅。川岛君夫妇现在偁山下，本来可以给你介绍，但是你到那里的时候他们恐怕已经离开故乡了。初寒，善自珍重，不尽。

一九二六年一月十八日夜，于北京

心路花语

周作人追求的就是心灵自由的放歌或低吟。他对那种恬淡闲适的心境的追求不过表明了他的惶惑、他的无可奈何，就像一个被乱兵破了宅门的新派秀才，他只好学着去当隐士。倘若从那些平平淡淡的文句中，你已经感受到一种平和恬静的清洒态度，你也许还能从这种特别的人生态度背后窥见一丝逃避哲学的影子呢。可悲的是，那个动荡的时代并没有给隐士划出一块静地，周作人终究未能避开世事的纷扰。

北平的四季 / 郁达夫

◎ 作者简介

郁达夫（1896—1945），中国现代小说家、散文家、诗人。代表作有短篇小说集《沉沦》，小说《迟桂花》等。

对于一个已经化为异物的故人，追怀起来，总要先想到他或她的好处；随后再慢慢地想想，则觉得当时所感到的一切坏处，也会变成很可寻味的一些纪念，在回忆里开花。关于一个曾经住过的旧地，觉得此生再也不会第二次去长住了，身处于远离的一角，向这方向的云天遥望一下，回想起来的，自然也同样地只是它的好处。

中国的大都会，我前半生住过的地方，原也不在少数。可是，当一个人静下来回想起从前，上海的热闹、南京的辽阔、广州的乌烟瘴气、汉口武昌的杂乱无章，甚至于青岛的清幽、福州的秀丽，以及杭州的沉着，总归都还比不上北平——我住在那里的时候，当然还是北平——的典丽堂皇，幽闲清妙。

先说人的分子罢，在当时的北平——民国十一二年前后——上自军财阀政客名优起，中经学者名人，文士美女教育家，下而至于负贩拉车铺小摊的人，都可以谈谈，都有一艺之长，而无憎人之貌；就是由荐头店荐来的老妈子，除上炕者是当然以外，也总是衣冠楚楚，看起来不觉得会令人讨嫌。

其次说到北平物质的供给哩，又是山珍海错，洋广杂货，以及萝卜白菜等本地产品，无一不备，无一不好的地方。所以在北平住上两三年的人，每一遇到要走的时候，总只感到北平的空气太沉闷，灰沙太暗淡，生活太无变化；一鞭出走，出前门便觉胸舒，过芦沟方知天晓，仿佛一出都门，就上了新生活开始的坦道似的；但是一年半载，在北平以外的各地——除了在自己幼年的故乡以外——去一住，谁也会得重想起北平，再希望回去，隐隐地对北平害起剧烈的怀乡病来。这一种经验，原是住过北平的人个个都有，而在我自己却感觉得格外地浓、格外地切。最大的原因或许是为了我那长子之骨，现在也还埋在郊外广谊园的坟山，而几位极要好的知己，又是在那里同时毙命的受难者的一群。

北平的人事品物原是无一不可爱的，就是大家觉得最要不得的北平的天候，和地理联合在一起，在我也觉得是中国各大都会中所寻不出几处来的好地。为叙述的便利起见，想分成四季来约略地说说。

北平自入旧历的十月之后，就是灰沙满地、寒风刺骨的季节了，所以北平的冬天，是一般人所最怕过的日子。但是，要想认识一个地方的特异之处，我以为顶好是当这特异处表现得最圆满的时候去领略；故而夏天去热带，寒天去北极，是我一向所持的哲理。北平的冬天，冷虽则比南方要冷得多，但是北方生活的伟大幽闲，也只有在冬季使人感受得最彻底。

先说房屋的防寒装置罢，北方的住房，并不同南方的摩登都市一样，用的是钢骨水泥，冷热气管：一般的北方人家，总只是矮矮的一所四合房，四面是很厚的泥墙！上面花厅内都有一张暖炕，一所回廊；廊子上是一带明窗，窗眼里糊着薄纸，薄纸内又装上风门，另外就没有什么了。在这样简陋的房屋之内，你只教把炉子一生，电灯一点，棉门帘一挂上，在屋里住着，却一辈子总是暖炖炖像是春三四月里的样子。尤其会使得你感觉到屋内的温软堪恋，而屋外窗外面呜呜在叫啸的西北风。天色老是灰沉沉的，路上面也老是灰的围障，而从风尘灰土中下车，一踏进屋里，就觉得一团春气，包围在你的左右四周，使你马上就忘记了屋外的一切寒冬的苦楚。若是喜欢吃吃酒、烧烧羊肉锅的人，那冬天的北方生活就更加不能够割舍；酒已经是御寒的妙药了，再加上以大蒜与羊肉酱油合煮的香味，简直可以使一室之内涨满了白的水蒸温气。玻璃窗内，前半夜会流下一条条的清汗，后半夜就变成了花色奇异的冰纹。

到了下雪的时候哩，景象当然又要一变。早晨从厚棉被里张开眼来，一室的清光会使你的眼睛眩晕。在阳光照耀之下，雪也一粒一粒地放起光来了，蛰伏得很久的小鸟，在这时候会飞出来觅食振翎，谈天说地般吱吱地叫个不休。数日来的灰暗天空，愁云一扫，忽然变得澄清见底，翳障全无；于是，年轻的北方住民，就可以营屋外的生活了——溜冰，做雪人，赶冰车雪车……就在这一种日子里最有劲儿。

我曾于这一种大雪时晴的傍晚，和几位朋友跨上跛驴，出西直门上骆驼庄去过过一夜。北平郊外的一片大雪地，无数枯树林，以及西山隐隐现现的不少白峰头，和时时吹来的几阵雪样的西北风，所给予人的印象实在是深刻、伟大，神秘到了不可以言语来形容。直到了十余年后的现在，我一想起当时的情景，还会打一个寒战而吐一口清气，如同在钓鱼台溪旁立着的一瞬间一样。

北国的冬宵，更是一个特别适合于看书、写信、追思过去、写作闲谈、说废话的绝妙时间。记得当时我们弟兄三人都住在北京，每到了冬天的晚上，总不远千里地走拢来聚在一道，会谈少年时候在故乡所遇见的事事物物。小孩们上床去了，佣人们也都去睡觉了，我们弟兄三个还会得再加一次煤再加一次煤地长谈下去。有几晚因为屋外面风紧天寒之故，到了后半夜的一两点钟的时候，便不约而同地说出索性坐到天亮的话来。像这种宝贵的记忆，像这种最深沉的情调，本来也就是一生中不能够多享受几次的昙花佳境，可是若不是在北平的冬天的夜里，那趣味也一定不会像如此的悠长。

总而言之，北平的冬季，是想赏识赏识北方异味者之唯一的机会；这一季里的好处，这一季里的琐事杂忆，若要详细地写起来，总也有一部《帝京景物略》那么大的书好做；我只记下了一点点自身的经历，就觉得过长了，下面只能再来略写一点春和夏以及秋季的感怀梦境，聊作我的对这日就沦亡的故国的哀歌。

春与秋，本来是在什么地方都属可爱的时节，但在北平，却与别地方也有点儿两样。北国的春，来得较迟，所以时间也比较短。西北风停后，积雪渐渐地消了，赶牲口的车夫身上，看不见那件光板老羊皮的大袄的时候，你就得预备着游春的服饰与金钱；因为春来也无信，春去也无踪，眼睛一眨，在北平市内，春光就会同飞马似的溜过。屋内的炉子刚拆去不久，说不定你就马上得去叫盖凉棚的才行。

而北方春天的最值得记忆的痕迹，是城厢内外的那一层新绿，同洪水似的新绿。北平城，本来就是一个只见树木不见屋顶的绿色的都会，一踏出九城的门户，四面的黄土坡上更是杂树丛生的森林地了；在日光里颤抖着的嫩绿的波浪，油光光，亮晶晶，若是神经系统不十分健全的人，骤然间身入到这一个淡绿色的海洋涛浪里去一看，包管你要张不开眼，立不住脚，而昏厥过去。

北平市内外的新绿，琼岛春阴，西山挹翠诸景里的新绿，真是一幅何等奇伟的外光派的妙画！但是这画的框子，或者简直说这画的画布，现在却已经完全掌握在一只满长着黑毛的巨魔的手里了！北望中原，究竟要到哪一日才能够重见得到天日呢？

从地势纬度上讲来，北方的夏天，当然要比南方的夏天来得凉爽。在北平城里过夏，实在是并没有上北戴河或西山去避暑的必要。一天到晚，最热的时候，只有中午到午后三四点钟的几个钟头，晚上太阳一下山，总没有一处不是凉阴阴要穿单衫才能过去的；半夜以后，更是非盖薄棉被不可了。而北平的天然冰的便宜耐久，又是夏天住过北平的人所忘不了的一件恩惠。

我在北平，曾经过过三个夏天；像什刹海、菱角沟、二闸等暑天游耍的地方，当然是都到过的；但是在三伏的当中，不问是白天或是晚上，你只教有一张藤榻，搬到院子里的葡萄架下或藤花阴处去躺着，吃吃冰茶雪藕，听听盲人的鼓词与树上的蝉鸣，仿佛一点儿也感觉不到炎热与熏蒸。而夏天最热的时候，在北平顶多总不过三十四五度，这一种大热的天气，全夏顶多顶多又不过十日的样子。

在北平，春夏秋的三季，是连成一片；一年之中，仿佛只有一段寒冷的时期，和一段比较温暖的时期相对立。由春到夏，是短短的一瞬间，自夏到秋，也只觉得是过了一次午睡，就有点儿凉冷起来了。因此，北方的秋季也特别的觉得长，而秋天的回味，也更觉得比别处来得浓厚。前两年，因去北戴河回来，我曾在北平过过一个秋，在那时候，已经写过一篇《故都的秋》，对这北平的秋季颂赞过一遭了，所以在这里不想再来重复；可是北平近郊的秋色，实在也正像一册百读不厌的奇书，使你愈翻愈会感到兴趣。

秋高气爽，风日晴和的早晨，你且骑着一匹驴子，上西山八大处或玉泉山碧云寺去走走看；山上的红柿，远处的烟树人家，郊野里的芦苇黍稷，以及在驴背上驮着生果进城来卖的农户佃家，包管你看一个月也不会看厌。春秋两季，本来是到处都好的，但是北方的秋空看起来似乎更高一点，北方的空气吸起来似乎更干燥健全一点。而那一种草木摇落、金风肃杀之感，在北方似乎也更觉得要严肃、凄凉、沉静得多。你若不信，你且去西山脚下，农民的家里或古寺的殿前，自阴历八月至十月下旬，去住它三个月看看。古人的“悲哉秋之为气”以及“胡笳互动，牧马悲鸣”的那种哀感，在南方是不大感觉得到的，但在北平，尤其是在郊外，你真会得感至极而涕零，思千里兮命驾。所以我说，北平的秋，才是真正的秋；南方的秋天，只不过是英国话里所说的 Indian Summer 或叫做小春天气而已。

统观北平的四季，每季每节，都有它的特别的好处；冬天是室内饮食庵息的时期，秋天是郊外走马调鹰的日子，春天好看新绿，夏天饱受清凉。至于各节各季，正当移换中的一段时间哩，又是别一种情趣，是一种两不相连而又两者相合的中间风味，如雍和宫的打鬼、净业庵的放灯、丰台的看芍药、万牲园的寻梅花之类。

五六百年来文化所聚萃的北平，一年四季无一月不好的北平，我在遥忆，我也在深祝，祝她的平安进展，永久地为我们黄帝子孙所保佑的旧都城！

心路花语

春的葱郁，夏的舒爽，秋的沉静，冬的悠闲。生活在一个城市久了，家和单位两点一线，忙得不知今日是何日，谁还记得去观看四季的变换呢！想必这细微的变换也正是对这座城市、对生活本身无尽的爱吧！人生是短暂的，匆忙的，但是这短暂和匆忙不应成为生活的重负，更不应该泯灭该有的自然之爱、人间之情。

本文描写细腻真切，深邃优美，充分传达出北平四季各自奕奕的精神品格，可谓形神兼备。使人领略到北平四季独特的风韵神致，对祖国的爱以及深彻肺腑的亡国之痛。

秋天的怀念 / 史铁生

◎ 作者简介

史铁生（1951—2010），原籍河北涿县，1951 年出生于北京，1967 年毕业于清华大学附属中学，1969 年去延安一带插队。史铁生创作的散文《我与地坛》鼓励了无数的人。2002 年获华语文学传媒大奖年度杰出成就奖。曾任中国作家协会全国委员会委员，北京作家协会副主席，中国残疾人协会评议委员会委员。

双腿瘫痪后，我的脾气变得暴怒无常。望着望着天上北归的雁阵，我会突然把面前的玻璃砸碎；听着听着李谷一甜美的歌声，我会猛地把手边的东西摔向四周的墙壁。母亲就悄悄地躲出去，在我看不见的地方偷偷地听着我的动静。当一切恢复沉寂，她又悄悄地进来，眼边红红的，看着我。“听说北海的花儿都开了，我推着你去走走。”她总是这么说。母亲喜欢花，可自从我的腿瘫痪后，她侍弄的那些花都死了。“不，我不去！”我狠命地捶打这两条可恨的腿，喊着：“我活着有什么劲！”母亲扑过来抓住我的手，忍住哭声说：“咱娘儿俩在一块儿，好好儿活，好好儿活……”可我却一直都不知道，她的病已经到了那步田地。后来妹妹告诉我，她常常肝疼得整宿整宿翻来覆去地睡不了觉。

那天我又独自坐在屋里，看着窗外的树叶“唰唰拉拉”地飘落。母亲进来了，挡在窗前：“北海的菊花开了，我推着你去看看吧。”她憔悴的脸上现出央求般的神色。“什么时候？”“你要是愿意，就明天。”她说。我的回答已经让她喜出望外了。“好吧，就明天。”我说。她高兴得一会坐下，一会站起：“那就赶紧准备准备。”“唉呀，烦不烦？几步路，有什么好准备的！”她也笑了，坐在我身边，絮絮叨叨地说着：“看完菊花，咱们就去‘仿膳’，你小时候最爱吃那儿的豌豆黄儿。还记得那回我带你去北海吗？你偏说那杨树花是毛毛虫，跑着，一脚踩扁一个……”她忽然不说了。对于“跑”和“踩”一类的字眼儿。她比我还敏感。她又悄悄地出去了。

她出去了。就再也没回来。

邻居们把她抬上车时，她还在大口大口地吐着鲜血。我没想到她已经病成那样。看着三轮车远去，也绝没有想到那竟是永远的诀别。

邻居的小伙子背着我去看她的时候，她正艰难地呼吸着，像她那一生艰难的生活。别人告诉我，她昏迷前的最后一句话是：“我那个有病的儿子和我那个还未成年的女儿……”

又是秋天，妹妹推我去北海看了菊花。黄色的花淡雅、白色的花高洁、紫红色的花热烈而深沉，泼泼洒洒，秋风中正开得烂漫。我懂得母亲没有说完的话。妹妹也懂。我俩在一块儿，要好好儿活……

心路花语

世界上最痛苦的事情莫过于“子欲养而亲不待”，这样的痛楚太过绵长，痛得难以名状。

随着年龄的增长，时间长河的流逝，我们会慢慢离开父母温馨的怀抱。为学习，为工作，为生活，和父母甚至远隔万水千山。一家人在一起的日子终究是有限的，珍惜和父母在一起的日子。在面临突如其来的困难时，不要太过任性，不要自暴自弃，要知道如果你觉得痛苦了，父母所承受的痛苦是加倍的，爱自己，“好好活”，也是爱父母。

作者寥寥几百字就把自己对母亲的爱与自己少不更事的追悔挥洒得淋漓尽致，表现了母爱的无私、理解与伟大。

用岁月在莲上写诗 / 林清玄

那天路过台南县白河镇，就像暑天里突然饮了一盅冰凉的蜜水，又凉又甜。

白河小镇是一个让人吃惊的地方，它是本省最大的莲花种植地，在小巷里走，在田野上闲逛，都会在转折处看到一田田又大又美的莲花。那些经过细心栽培的莲花竟好似天然生成，在大地的好风好景里毫无愧色，夏日里格外有一种欣悦的气息。

我去的时候正好是莲子收成的季节，种莲的人家都忙碌起来了，大人小孩全到莲田里去采莲子。我们这些只看过莲花美姿就叹息的人，永远也不知道种莲的人家是用怎么样的辛苦在维护池莲，使它开花结实。

“夕阳斜，晚风飘，大家来唱采莲谣。红花艳，白花娇，扑面香风暑气消。你打桨，我撑篙，欸乃一声过小桥。船行快，歌声高，采得莲花乐陶陶。”我们童年唱过的《采莲谣》在白河好像一个梦境，因为种莲人家采的不是观赏的莲花，而是用来维持一家生活的莲子，莲田里也没有可以打桨撑篙的莲舫，而要一步一步踩在莲田的烂泥里。

采莲的时间是清晨太阳刚出来或者黄昏日头要落山的时分，一个个采莲人背起了竹篓，带上了斗笠，涉入浅浅的泥巴里，把已经成熟的莲蓬一朵朵摘下来，放在竹篓里。采回来的莲蓬先挖出里面的莲子，莲子外面有一层粗壳，要用小刀一粒一粒剥开，晶莹洁白的莲子就滚了一地。

莲子剥好后，还要用细针把莲子里的莲心挑出来，这些靠的全是灵巧的手工，一粒也偷懒不得，所以全家老小都加入了工作。空的莲蓬可以卖给中药铺，还可以挂起来装饰；洁白的莲子可以煮莲子汤，做许多可口的菜肴；苦的莲心则能煮苦茶，既降火又提神。

我在白河镇看莲花的子民工作了一天，不知道为什么总是觉得种莲的人就像莲子一样，表面上莲花是美的，莲田的景观是所有作物中最美丽的景观，可是他们工作的辛劳和莲心一样，是苦的。采莲的季节在端午节到九月的夏秋之交，等莲子采收完毕，接下来就要挖土里的莲藕了。

莲田其实是一片污泥，采莲的人要防备田里游来游去的吸血水蛭，莲花的梗则长满了刺。我看到每一位采莲人的裤子都被这些密刺划得千疮百孔，有时候还被刮出一条条血痕，可见得依靠美丽的莲花生活也不是简单的事。

小孩子把莲叶卷成杯状，捧着莲子在莲田埂上跑来跑去，才让我感知，再辛苦的收获也有快乐的一面。

莲花其实就是荷花，在还没有开花前叫“荷”，开花结果后就叫“莲”。我总觉得两种名称有不同的意义：荷花的感觉是天真纯情，好像一个洁净无瑕的少女；莲花则是宝相庄严，仿佛是即将生产的少妇。荷花是宜于观赏的，是诗人和艺术家的朋友；莲花带了一点生活的辛酸，是种莲人生活的依靠。想起多年来我对莲花的无知，只喜欢在远远的高处看莲、想莲，却从来没有走进真正的莲花世界，看莲田背后生活的悲欢，不禁感到愧疚。

谁知道一朵莲蓬里的三十个莲子，是多少血汗的灌溉？谁知道夏日里一碗冰冻的莲子汤是农民多久的辛劳？

我陪着一位种莲的人在他的莲田逡巡，看他走在占地一亩的莲田边，娓娓向我诉说一朵莲要如何下种，如何灌溉，如何长大，如何采收，如何避过风灾，等待明年的收成时，觉得人世里一件最平凡的事物也许是我们永远难以知悉的，即使微小如莲子，都有一套生命的大学问。

我站在莲田上，看日光照射着莲田，想起“留得残荷听雨声”恐怕是莲民难以享受的境界，因为荷残的时候，他们又要下种了。田中的莲叶坐着结成一片，站着也叠成一片，在田里交缠不清。我们用一些空虚清灵的诗歌来歌颂莲叶何田田的美，永远也不及种莲的人用他们的岁月和血汗在莲叶上写诗吧！

心路花语

《用岁月在莲上写诗》是一篇美丽动人的歌颂劳动之美，赞扬劳动人民辛勤劳作的文章。它朴实亲切，不张扬、不华丽，却最能打动人心。莲上的诗是一首关于生活图景的诗，是一首关于岁月变幻的诗。青少年们应该懂得劳动人民是最美的，要辛勤劳作、尊重劳动。

荷塘月色 / 朱自清

◎ 作者简介

朱自清（1898—1948），原名自华，号秋实，改名自清，字佩弦；原籍浙江绍兴，生于江苏东海；现代著名散文家、诗人、学者、民主战士。代表作品有《踪迹》、《背影》、《你我》、《标准与尺度》、《雅俗共赏》等。

这几天心里颇不宁静。今晚在院子里坐着乘凉，忽然想起日日走过的荷塘，在这满月的光里，总该另有一番样子吧。月亮渐渐地升高了，墙外马路上孩子们的欢笑，已经听不见了；妻在屋里拍着闰儿，迷迷糊糊地哼着眠歌。我悄悄地披了大衫，带上门出去。

沿着荷塘，是一条曲折的小煤屑路。这是一条幽僻的路；白天也少人走，夜晚更加寂寞。荷塘四面，长着许多树，蓊蓊郁郁的。路的一旁，是些杨柳，和一些不知道名字的树。没有月光的晚上，这路上阴森森的，有些怕人。今晚却很好，虽然月光也还是淡淡的。

路上只我一个人，背着手踱着。这一片天地好像是我的；我也像超出了平常的自己，到了另一世界里。我爱热闹，也爱冷静；爱群居，也爱独处。像今晚上，一个人在这苍茫的月下，什么都可以想，什么都可以不想，便觉是个自由的人。白天里一定要做的事，一定要说的话，现在都可不理。这是独处的妙处，我且受用这无边的荷香月色好了。

曲曲折折的荷塘上面，弥望的是田田的叶子。叶子出水很高，像亭亭的舞女的裙。层层的叶子中间，零星地点缀着些白花，有袅娜地开着的，有羞涩地打着朵儿的；正如一粒粒的明珠，又如碧天里的星星，又如刚出浴的美人。微风过处，送来缕缕清香，仿佛远处高楼上渺茫的歌声似的。这时候叶子与花也有一丝的颤动，像闪电般，霎时传过荷塘的那边去了。叶子本是肩并肩密密地挨着，这便宛然有了一道凝碧的波痕。叶子底下是脉脉的流水，遮住了，不能见一些颜色；而叶子却更见风致了。

月光如流水一般，静静地泻在这一片叶子和花上。薄薄的青雾浮起在荷塘里。叶子和花仿佛在牛乳中洗过一样；又像笼着轻纱的梦。虽然是满月，天上却有一层淡淡的云，所以不能朗照；但我以为这恰是到了好处——酣眠固不可少，小睡也别有风味的。月光是隔了树照过来的，高处丛生的灌木，落下参差的斑驳的黑影，峭楞楞如鬼一般；弯弯的杨柳的稀疏的倩影，却又像是画在荷叶上。塘中的月色并不均匀；但光与影有着和谐的旋律，如梵婀玲上奏着的名曲。

荷塘的四面，远远近近，高高低低都是树，而杨柳最多。这些树将一片荷塘重重围住；只在小路一旁，漏着几段空隙，像是特为月光留下的。树色一例是阴阴的，乍看像一团烟雾；但杨柳的风姿，便在烟雾里也辨得出。树梢上隐隐约约的是一带远山，只有些大意罢了。树缝里也漏着一两点路灯光，没精打采的，是渴睡人的眼。这时候最热闹的，要数树上的蝉声与水里的蛙声；但热闹是它们的，我什么也没有。

忽然想起采莲的事情来了。采莲是江南的旧俗，似乎很早就有，而六朝时为盛；从诗歌里可以约略知道。采莲的是少年的女子，她们是荡着小船，唱着艳歌去的。采莲人不用说很多，还有看采莲的人。那是一个热闹的季节，也是一个风流的季节。梁元帝《采莲赋》里说得好：

于是妖童媛女，荡舟心许；鹢首徐回，兼传羽杯；棹将移而藻挂，船欲动而萍开。尔其纤腰束素，迁延顾步；夏始春余，叶嫩花初，恐沾裳而浅笑，畏倾船而敛裾。

可见当时嬉游的光景了。这真是有趣的事，可惜我们现在早已无福消受了。于是又记起《西洲曲》里的句子：

采莲南塘秋，莲花过人头；
低头弄莲子，莲子清如水。

今晚若有采莲人，这儿的莲花也算得“过人头”了；只不见一些流水的影子，是不行的。这令我到底惦着江南了。——这样想着，猛一抬头，不觉已是自己的门前；轻轻地推门进去，什么声息也没有，妻已睡熟好久了。

心路花语

在群魔乱舞、夜气如磐的日子里，作者的心无法平静。他远离闹市、夜游荷塘，感到一种难得的自由。只有一个人在静夜月下，他才“什么都可以想，什么都可以不想”，“白天里一定要做的事，一定要说的话，现在都可不理”。这正流露了他对令人窒息的现实生活的厌恶和否定。而文章中对美丽宁静的荷塘月色的描绘和赞赏，则寄托了作者对美好生活的憧憬和向往。当然，在厌恶和否定，憧憬和向往之中，也夹杂着他深沉的苦闷，一种不知道如何到达光明的未来，在黑暗中彷徨徘徊的苦闷。但是作者并没有被黑暗和苦闷吞没，以至于消极颓废。他赞美荷花出污泥而不染，讴歌月亮的高洁清白，表明了他决不随波逐流，决不与黑暗势力同流合污的志向和情操。

本文虽是一篇写景的散文，但作者借景抒情，托物言志，同样贯穿着他对现实的看法和态度，只是比较委婉曲折。

故乡的野菜 / 周作人

我的故乡不止一个，凡我住过的地方都是故乡。

故乡对于我并没有什么特别的情分，只因钓于斯游于斯的关系，朝夕会面，遂成相识，正如乡村里的邻舍一样，虽然不是亲属，别后有时也要想念到他。我在浙东住过十几年，南京东京都住过六年，这都是我的故乡，现在住在北京，于是北京就成我的家乡了。

日前我的妻往西单市场买菜回来，说起有荠菜在那里卖着，我便想起浙东的事来。荠菜是浙东人春天常吃的野菜，乡间不必说，就是城里只要有后园的人家都可以随时采食，妇女小儿各拿一把剪刀、一只“苗篮”，蹲在地上搜寻，是一种有趣味的游戏般的工作。那时小孩们唱道，“荠菜马兰头，姊妹嫁在后门头”。后来马兰头有乡人拿来进城售卖了，但荠菜还是一种野菜，须得自家去采。关于荠菜向来颇有风雅的传说，不过这似乎以吴地为主。《西湖游览志》云，“三月三日男女皆戴荠菜花。谚云，三春戴荠花，桃李羞繁华”。顾禄的《清嘉录》上亦说，“荠菜花俗呼野菜花，因谚有三月三蚂蚁上灶山之语，三日人家皆以野菜花置灶陉上，以厌虫蚁。侵晨村童叫卖不绝。或妇女簪髻上以祈清目，俗号眼亮花”。但浙东却不很理会这些事情，只是挑来做菜或炒年糕吃罢了。

黄花麦果称通鼠熬草，系菊科植物，叶小，微圆互生，表面有白毛，花黄色，簇生梢头。春天采嫩叶，捣烂去汁，和粉做糕，称黄花麦果糕。小孩们有歌赞美之云：“黄花麦果韧结结，关得大门自要吃，半块拿弗出，一块自要吃。”

清明前后扫墓时，有些人家——大约是保存古风的人家——用黄花麦果作供，但不做饼状，做成小颗如指顶大，或细条如小指，以五六个作一攒，名曰茧果，不知是什么意思，或因蚕上山时设祭，也用这种食品，故有是称，亦未可知。自从十二三岁时外出不参与外祖家扫墓以后，不复见过茧果，近来住在北京，也不再见黄花麦果的影子了。日本称作“御形”，与荠菜同为春天的七草之一，也采来做点心用，状如艾饺，名曰“草饼”，春分前后多食之，在北京也有，但是吃去总是日本风味，不复是儿时的黄花麦果糕了。

扫墓时候所常吃的还有一种野菜，俗名草紫，通称紫云英。农人在收获后，播种日内，用做肥料，是一种很被贱视的植物，但采取嫩茎瀹食，味颇鲜美，似豌豆苗，花紫红色，数十亩接连不断，一片锦绣，如铺着华美的地毯，非常好看，而且花朵状若蝴蝶，又如鸡雏，尤为小孩所喜，间有白色的花，相传可以治痢，很是珍重，但不易得。日本《俳句大辞典》云：“此草与蒲公英同是习见的东西，从幼年时代便已熟识，在女人里边，不曾来过紫云英的人，恐未必有罢。”中国古来没有花环，但紫云英的花球却是小孩常玩的东西，这一层我还替那些小人们欣幸的。浙东扫墓用鼓吹，所以少年们常随了乐音去看“上坟船里的姣姣”；没有钱的人家虽没有鼓吹，但是船头上、篷窗下总露出些紫云英和杜鹃的花束，这也就是上坟船的确实的证据了。

心路花语

生活中处处都是美，那许多微小却极富乐趣与美感的事物，需要人们的慧眼方能发现，那生活中的一切细微而又引起感触的事物，总会使人们如品香茗，回味无穷。

镜花水月思 / 无名氏

◎ 作者简介

无名氏原名卜宝南，后改名卜乃夫，又名卜宁。台湾作家。原籍江苏扬州，1917 年生于南京。他的小说《北极风情画》、《塔里的女人》曾风靡一时。其作品还有青春爱情自传《绿色的回声》，散文集《塔里·塔外·女人》、《在生命的光环上跳舞》等。

镜花水月不是生命真花真月，仍是似花似月。似物不是原物，“似”不是“真”，但只不是真之真，仍有似之真。在眼球壁膜与曲折体中，镜花仍有花形，水月也有月形，前者有色，后者有光。假如这不是真色真光——原色原光，则真花真月又何尝有真色真光、原色原光——一切色与光的本体。花色是阳光的投射，是前眼房和水状液与晶状体等等的反映。黑暗中花无色，失明者花无色。月亮本是黑暗体，由于太阳的辐射，才透光，这不是真月光，仍属于太阳光。在另一种时间空间，若分析本体，真花真月仍是镜花水月。镜花水月虽是假花假月，其色、其光、其形不假，正如瓶中纸花，画上明月，仍似真色、真光、真形（仅仅不是原先原形）。抽掉它们在观念中的真伪，紧紧抓住这一刹那肉体感觉中的真实反应，则假花假月也有真美真相。这份真，不需要原月中的哥白尼山和埃拉托色尼山形成，也不需原花的扇形、叶形、轮形、杯形或螺旋形、龙爪形编成。至少，这一刹那投射给我们视觉器官的那一组光色形象，具有刹那的千真万确，绝对的刹那可靠。而真确与可靠，不管如何，仅仅属于刹那者，这是一切生命的起点。

一幅倪云林的真画固然是画，一幅清朝人仿倪假画，也还是画。这不是原来真色真形，却是清朝人自己的真色真形。就倪云林说，这是假，就清代这位画人说，是假中之真，万假仍有一真。一切最假事物之中，仍有最真的。按绝对的永恒境界说，万象常有假。以此刹那的真境说，最虚幻的假象，仍常有真。绝对的虚假在肉体反应的现象中并不存在，若承认是实，它即是真。

一枚假币，未发现它假时，仍和真币一样流通使用。发现其假后，假的钱币仍有其本身的真价值。“假”的存在本身仍是真。假如是一枚仿古钱币，虽然它没有真的古钱美观、价值，但仍有它的仿造的优美和价值。即使它是最大的丑恶吧，这丑恶本身，仍是真非假，是实非幻。

打碎一切存在表象后，它们的意义固打不碎，硬度也打不碎。你可能打碎一块石头，但打不碎石头在你手指皮层上的坚硬感觉，你可以毁灭或消灭这种感觉，其实只是使它不再继续这一秒的坚硬感觉，但毁不了已经在你记忆里生根的坚硬感觉。至少，地球现时仍在旋转。你依然看见宇宙的光与色，呼吸空气与香味，你的手仍摸到硬度——你自己的肉体或外界石头。心灵大解脱后，你所见的云、雾、水、月、光、色、花、叶，可能没有一样是真的，可靠的，即使这一切是虚幻的虚幻，但在你肉体的这一刹那的感觉反应上，至少它们都可见可触，你眼球机能和手指表皮层所反应的光度与硬度，并没有欺骗你的肉体感。尽管这一霎是千分之一秒，这千分之一秒的肉体感中的光亮与硬度，仍然是真非妄。假如不承认这种纯粹肉体感的真实，肉体就一秒也不能存在，而否定这一切，等于否定肉体，也就是“感觉”自杀。宇宙万象，即使有种种虚幻，这虚幻仍为生命所不可或缺。生命即使活在种种谬误中，生命也仍是生命，谬误也算是生命。有许多荒谬，本与生命一同开始。如追求一种不掺杂任何一滴虚幻谬误的纯真，则无生命。灵魂的最高境界，尽管存于极真理的底蕴中，但肉体的最低运动，却存于可摸可触可感的光、色、香、气、味与硬度中。即使伟大的智慧摸不到、触不着，但你的肉体却首先必须站在或坐在或睡在摸得到的有硬度的物体上。赤裸裸的肉感是粗糙的、可厌的，甚至是无意义的、荒谬的，但它却是肉体的起点，也就是生命的最初起点，虽然并不是终点。没有一片丑陋的甚至一刹那的最低的现实低地，一切最巍峨最伟丽的宝塔或宝塔似的智慧无从建立。生命可以飞翔，飞入月球甚至金星，完全离开现实最低地，但没有起飞点，也就没有飞翔。而太空或月球或金星，也就是一种新的现实最低地。

要获得完整的生命，不只要拥抱那最高最空灵的，也必须容许（事实上非容许不可）那最低最粗糙的——这不是追逐性的“容许”，是天然的事实的“容许”。

我们记忆和幻觉里的时间，虽似一片梦中旋转风沙，来无踪（指可触之踪），去无迹，抓不住，摸不到，十万年犹一秒，但我们肉体存在这一事实——哪怕只存在万分之一秒，这万分之一秒却是真是实，而肉体现实就是时间现实，肉体比任何钟表更真实。观念和想象中的时间的虚幻，并不能毁灭肉体的现实时间的现实性，它所毁灭的，只是虚幻的观念本身，不是肉体存在这一真实的万分之一秒（这万分之一秒可能通达永恒的“真时间”）。

月亮是黑暗体，丑陋无光，这是科学智慧的结论，也是较新的真实结论（人类已飞到月球上，予以证实），却不是此刻、此分、此秒的现实结论。这一分这一秒，我们眼睛里的月亮是亮的、美的、光明的。虽然明知是虚幻荒谬的认识的产物，但此分此秒的肉体感觉，却不虚、不幻、不荒谬。

当我们活在有关月亮和其他物象的科学真理中时，必须拿起望远镜和显微镜，但我们作为一个纯粹的动物在生活时，我们的肉眼不是望远镜和显微镜，也不需扮演二镜，人类也不会配一副望远镜和显微镜经常当眼镜戴，那样做，世界可能更真了，但也可能更丑了，更不现实了。肉体感觉不是伟大真理，却是伟大的生命现实——真实。

和我们视觉相比，狗眼中一切皆灰色，是谬误的，但对狗类视觉说，它却是真实。明者见世界是一片花花绿绿，盲者却是一溜儿黑暗。就盲者说，他的盲瞎视觉仍真实不虚。火星水星上假如有生命，又假如他们的视觉比人类更高一级，如我们的视觉之对狗的视觉，则人类视觉将不是一切宇宙生命视觉的尽头或结论，人类的感觉、知觉可能也将不是银河系一切生命感觉、知觉的止境。

生命既活在真理中，也活在包含谬误的真实中。现象不一定全是现实，现实不一定真实，真实不一定是真理。但一切真理必须真实，也必然产自现实（唯理论的纯粹“理”的世界，也是一种现实——高级现实）。

我们的肉体感官的感觉经常是平凡的，却是生命的摇篮。重要的是：只有最大的庸俗，有时才包含最大的稳定性。一切伟大的美丽船帆，必然伴随庸俗的笨重铁锚。

让山峰还是山峰，流水还是流水，星星还是星星，树叶还是树叶，这并不损害我们的人生真理感（真理是无可损害的，人一旦获得它，就永远获得了）。拆穿一切奥秘，洞悉一切虚幻后，它们的瞬息万变的虚幻形象，那片山像、水像、星星像、树叶像，依然是美丽的，令人沉醉的。以纯形象还之纯形象，生命依然可与纯粹形象和平共处，同游八荒。我们尽可以美丽地活在纯粹的视觉、听觉、嗅觉、触觉、味觉中。

人类既活在生命种种大诈术中，有时就不能不暂与它们妥协。不是人类与诈术妥协，是人类与自己妥协。因为，千千万万人已安于这些诈术，少数智者如全部否定它们，等于否定千千万万人的现实生活。这也是为什么，多少先知者，洞悉人生真理和生命底蕴后，仍以最平庸的嘴脸出现人间，好像一个美丽少女，不得不扮黄脸婆。这是人生真理的悲剧，却是人间喜剧。假如要平衡这两种戏剧，仍得先回到现实的低地。

首先，我们必须在山为山，在水为水，在鱼为鱼，在鸟为鸟。我们应该变云、变雾、变月亮、变星星、变玫瑰、变蝴蝶，也应该变苍蝇、变青蛙、变石头、变粪土、变蛆虫。刚刚获得禅境大解脱后，我们似乎看光不是光，见色不是色，闻鸟不是鸟，吸香不是香，天地万物，无一不变。现在，我们看光仍是光，见色仍是色，闻鸟仍是鸟，吸香仍是香，天地万物，仍是天地万物，却是一片全新的天地万物，不再是旧的天地万物。因为，我们灵魂换了新的触须，新的透视，新的感受，我们以一个新背景下的新视觉、听觉、嗅觉来接受宇宙。那些充满矛盾和混乱的因素似乎没有了，至少暂时安静了，我们的视觉、听觉、触觉所捕捉的，是一片赤裸裸的纯粹形象。不管有多少谬误的意义环绕着月亮，但此刻此秒，我们只见一片纯粹的鲜丽的月光。不管是怎样复杂、冲突的意义围绕这个世界，我们此时此刻，只看见它极美丽、极纯粹、极和谐的形象与线条。这种纯粹与和谐，将贯通我们人生观念的最高境界。

这个世界，不管蕴涵多少否定和矛盾，错综与复杂，在这万分之一秒，我们的纯粹肉体与宇宙的纯粹形象赤裸裸地相拥抱，这一铁的事实——真实，是无可否定的。而这类事实——真实，正是我们生命的起点，更是我们运作生命的基点。

心路花语

其实，你只要为自己活着，该爱的时候去爱，该工作的时候去工作，该做什么的时候去做，只要不去顾虑，过多的考虑其他人的看法，最起码，你会拥有快乐，因为你做了你自己，而没有去浪费生命。

第三辑

关爱如雨，润物无声

爱心不在于一朝一夕，而在于年年月月；一个人有爱心只是一个光点，能团结一群人奉献爱心，那将是一片光明；献爱心不一定就是为了荣誉和名气，实际上很多献爱心的人是根本不留姓名，很多的爱是默默无闻的奉献；献爱心不一定要选择时间地点，任何时候、任何地点、任何人、任何情况都可以。

汤水一生 / 梅友

◎ 作者简介

梅友，作者资料不详。

重回母亲的家，是这个冬日的一个下午。进了门，就听见继父在厨房里招呼："先坐下等一会儿，汤一会儿就好。"

长这么大了，就是喜欢冬日的那口汤。

以前父亲在世的时候，每到冬天，必定要从打工三季的单位辞职，从大老远的地方回到以前生活的那个村庄，美其名曰：回家过冬。在冬日的暖阳中，依偎在父亲身边，看他把红枣、老鸡洗净下锅，做一个嘴馋的孩子，等着汤飘香。那时候，几季的辛苦，满身的疲惫，都会在父亲的一口汤里飘散，远离。而这个时候的父亲，是孩子眼里最亲切、最和蔼的时候。后来，父亲生病了。

住在医院里的父亲，在弥留之际叮嘱着母亲："我去了以后，要好好善待自己。这辈子跟我没过上什么好日子，以后找个好人，孩子们都长大了，给自己找个家吧。”

那年，我 20 岁。

听完父亲的话，我和母亲哭得撕心裂肺。父亲就在那个晚上走了。

如今，父亲已经走了八年，母亲也在我和弟弟的支持下，有了自己的家。母亲挑选继父的条件是宽厚的，只要人好，不管你有钱没钱，有权没权，什么都不重要，只求人家要善待我和弟弟，善待生活。母亲是幸运的，她挑到了继父。

这是个可以给人温暖的老头儿，虽然比母亲大了 10 岁。当初，母亲把他领回家让我和弟弟过目的时候，从他慈爱的眼光里，我感受到了父爱。弟弟说，他没有其他的要求，只要他对母亲好。看着老人在弟弟面前唯唯诺诺地点头，我想，母亲总算是有个依靠了。母亲和继父在春天里，领着周围的亲戚朋友喝了喜酒，就算正式结婚了。

婚后，母亲和继父住在离我不远的地方。周六的时候，母亲总是有电话来，让我们过去坐坐，不知道是怎么了，虽然知道继父对母亲很好，但是就是那短短的一段距离，我却总不愿意过去。或许，继父就是和父亲不一样吧，人啊，不是最亲的，心里总有那么一些疙瘩。虽然有时候也想去看看母亲，但是，就是不下了那份决心，就是不愿意踏入母亲的家门。

住我隔壁的张大爷，是父亲一生的朋友。父亲在世时，还时常托付他照顾我们。那天晚上，大爷敲了我的门。把张大爷让进了屋子，我有感觉，大爷要说些关于母亲的事。

果然，大爷说："我晨练的时候常碰到你母亲。"

我点点头："嗯。"

"她过得并不好。"

"啊？难道那老头儿对她不好？"

"不是，是你们对她不好。"

"我们？"我拒绝接受大爷的说法。

对于母亲，我能做的只有这些了。虽然知道继父是个好人，但是我和弟弟还是坚持母亲和他结婚的时候做了财产公证。母亲一生清贫，但是我们不想她下辈子看别人的脸色吃饭，公证完，我和弟弟在母亲的户头里存下了足够她吃后半辈子的钱。我和大爷说，我们能做的只有这些。大爷摇摇头："你们啊，要知道你母亲要的不是钱。她都这把年纪了，还能花多少钱呢？你们要常去看看她。还有，那老李头也是个好人，而且你母亲选择他的时候，也是征得了你们同意的，你们现在却连他家门也不愿意进。"

老李头儿就是我的继父。

我知道，这个老头儿会对我母亲好的，否则，我也不可能把母亲那么放心地交给他。

大爷慢慢地啜着我为他冲的茶，半晌才说：“老李头儿现在学了一手煲汤的好本领，你妈说，你喜欢喝你父亲煲的汤，老李头儿这把年纪了，硬把棋瘾给戒了，跑遍了书店，找来好几十本菜谱，天天对着研究呢。为的就是你们哪天能开恩，想起来的时候能去一回，能让你妈高兴。”

送走了张大爷，我来到孩子的小房间里。孩子才4岁，正在上幼儿园中班，这个时候，他还没睡。我把孩子抱在怀里，问他：“我们明天去看姥姥姥爷好吗?”孩子挣脱我的怀抱雀跃起来：“好啊，好啊，每天姥姥和姥爷都在幼儿园的窗户外边看我呢。”

“啊?”

“妈妈，我告诉你，姥姥和姥爷每天都会在幼儿园的窗户外边看我们小朋友做游戏。我上回表演了‘小白兔白又白’，姥爷还夸我了呢。”

“那你怎么不告诉我?”

“我答应姥姥不告诉你的。你说了人要诚实，要遵守诺言。”

我有些想哭的冲动。抓起电话，打给母亲，告诉她我明天去看她和继父。母亲在那边半晌没做声，等了一会儿又连声地说好。我分明听见她那嗓子里有哽咽声。

带着孩子，穿越我那点儿卑微的心结，我敲响了母亲的门。看见我的刹那，母亲眼里有着惊喜，从我怀里接过孩子，忙对着厨房里的继父说："老头子，我女儿来了。"

继父爽脆地应了一声："先坐下等一会儿，汤马上就好。"

母亲的脸，笑成了像朵玫瑰："这老头儿，天天盼着你们能来呢。学着做汤好久了，就想你们能过来尝尝，可是你们就是不来。"

我笑着回答母亲说："这不是来了吗？以后会常来的，只要你们不嫌烦就可以了。"

继父已经从厨房里出来了："怎么可能，盼你们来都盼不来呢，怎么会烦呢？只要你们来，我和你妈比什么都高兴。"

母亲忙着给孩子拿这拿那，兴奋地在房间里转进转出。

我拉继父的手让他坐下，或许是第一次和我离这么近的距离，继父有点儿不习惯，老是用手去拢那缕花白的头发，我试着拢老人的肩头，想让他感觉一点温暖，一点家庭的气氛，老人的肩头在我的臂弯里有点儿僵硬。我说："爸爸，以后我会常回来看你们的。"

继父说："啊，好好好。"气氛一时有点儿尴尬。或许老人还不习惯我会离他们的生活这么近。我忙说："爸爸，我想喝您煲的汤。"

"好啊，好啊，我这就去给你们盛。"

看着继父起身离去，我在背影里分明看见了父亲的影子。

咕嘟咕嘟一口气喝完了继父盛来的汤水，抹抹嘴，告诉继父："爸爸，我还想要一碗。"妈妈在一旁笑得开心，孩子在她的旁边已经玩得累了，睡着了。趁着继父去厨房的那一会儿，我告诉母亲："妈，我会常来的，孩子您也可以接回家带。"

母亲说："啊？我可以接孩子回家啊？"

"当然可以，只要你们不嫌他烦。"

母亲大声地对厨房里的继父说："老头子，咱女儿说了，以后可以接孩子回家。"

继父又给我盛了一碗汤来。"那好啊，那好啊，那孩子就放在我们这儿吧。"

我一边喝汤，一边看着继父笑。

从母亲嫁给继父的那一刻起，我这是第一次踏进他们家门。看着这对快乐的老人，我想，或许我不是只爱那口汤吧，毕竟，父亲已经走了，而眼前的这位老人，却是能照顾我母亲余生的人。就单单为他肯为我煲一锅汤，我也会爱他和母亲。

父亲已经离我远去了，继父就是我第二个父亲。小的时候，眷念父亲的汤水，以后，会在继父的疼爱中，继续过我的汤水一生。我想，我是幸福的吧，包括我的母亲。

心路花语

一位继父，因为妻子的子女喜欢喝汤，硬是戒了棋瘾买书学习煲汤，希望在子女来的时候能喝上汤；而子女却因为他不是自己亲生的父亲而无法解开那个心结，迟迟不肯去母亲的另一个家中做客。而当子女解开了那个卑微的心结，得到的是幸福，是浓浓的父爱，是与母亲一样的幸福。

继父给予的是人生的第二次亲情，是血缘之外浓浓的父爱。没有血脉的相承，没有基因的遗传，可是这一切是那么亲切自然。父亲和女儿所做的一切，已经向全世界证明，他们是世界上最美丽的父女，最亲最真的一家人，他们的父女情深已经融入血液，感天动地了。

有一种亲情，不一定要有血脉的传承；有一种爱，不需要伟大的名称。

藤野先生 / 鲁迅

东京也无非是这样。上野的樱花烂漫的时节，望去确也像绯红的轻云，但花下也缺不了成群结队的“清国留学生”的速成班，头顶上盘着大辫子，顶得学生制帽的顶上高高耸起，形成一座富士山。也有解散辫子，盘得平的，除下帽来，油光可鉴，宛如小姑娘的发髻一般，还要将脖子扭几扭。实在标致极了。

中国留学生会馆的门房里有几本书卖，有时还值得去一转；倘在上午，里面的几间洋房里倒也还可以坐坐的。但到傍晚，有一间的地板便常不免要咚咚咚地响得震天，兼以满房烟尘斗乱；问问精通时事的人，答道：“那是在学跳舞。”

到别的地方去看看，如何呢？

我就往仙台的医学专门学校去。从东京出发，不久便到一处驿站，写道：日暮里。不知怎地，我到现在还记得这名目。其次却只记得水户了，这是明的遗民朱舜水先生客死的地方。仙台是一个市镇，并不大；冬天冷得利害；还没有中国的学生。

大概是物以稀为贵罢。北京的白菜运往浙江，便用红头绳系住菜根，倒挂在水果店头，尊为“胶菜”；福建野生着的芦荟，一到北京就请进温室，且美其名曰“龙舌兰”。我到仙台也颇受了这样的优待，不但学校不收学费，几个职员还为我的食宿操心。我先是住在监狱旁边一个客店里的，初冬已经颇冷，蚊子却还多，后来用被盖了全身，用衣服包了头脸，只留两个鼻孔出气。在这呼吸不息的地方，蚊子竟无从插嘴，居然睡安稳了。饭食也不坏。但一位先生却以为这客店也包办囚人的饭食，我住在那里不相宜，几次三番，几次三番地说。我虽然觉得客店兼办囚人的饭食和我不相干，然而好意难却，也只得别寻相宜的住处了。于是搬到别一家，离监狱也很远，可惜每天总要喝难以下咽的芋梗汤。

从此就看见许多陌生的先生，听到许多新鲜的讲义。解剖学是两个教授分任的。最初是骨学。其时进来的是一个黑瘦的先生，八字须，戴着眼镜，挟着一叠大大小小的书。一将书放在讲台上，便用了缓慢而很有顿挫的声调，向学生介绍自己道：

“我就是叫做藤野严九郎的……”

后面有几个人笑起来了。他接着便讲述解剖学在日本发达的历史，那些大大小小的书，便是从最初到现今关于这一门学问的著作。起初有几本是线装的；还有翻刻中国译本的，他们的翻译和研究新的医学，并不比中国早。

那坐在后面发笑的是上学年不及格的留级学生，在校已经一年，掌故颇为熟悉的了。他们便给新生讲演每个教授的历史。这藤野先生，据说是穿衣服太模糊了，有时竟会忘记带领结；冬天是一件旧外套，寒颤颤的，有一回上火车去，致使管车的疑心他是扒手，叫车里的客人大家小心些。

他们的话大概是真的，我就亲见他有一次上讲堂没有带领结。

过了一星期，大约是星期六，他使助手来叫我了。到得研究室，见他坐在人骨和许多单独的头骨中间——他其时正在研究着头骨，后来有一篇论文在本校的杂志上发表出来。

“我的讲义，你能抄下来吗？”他问。

“可以抄一点。”

“拿来我看！”

我交出所抄的讲义去，他收下了，第二三天便还我，并且说，此后每一星期要送给他看一回。我拿下来打开看时，很吃了一惊，同时也感到一种不安和感激。原来我的讲义已经从头到末，都用红笔添改过了，不但增加了许多脱漏的地方，连文法的错误也都一一订正。这样一直继续到教完了他所担任的功课：骨学、血管学、神经学。

可惜我那时太不用功，有时也很任性。还记得有一回藤野先生将我叫到他的研究室里去，翻出我那讲义上的一个图来，是下臂的血管，指着，向我和蔼地说道：

“你看，你将这条血管移了一点位置了——自然，这样一移，的确比较好看些，然而解剖图不是美术，实物是那么样的，我们没法改换它。现在我给你改好了，以后你要全照着黑板上那样的画。”

但是我还不服气，口头答应着，心里却想道：

“图还是我画的不错；至于实在的情形，我心里自然记得的。”

学年试验完毕之后，我便到东京玩了一夏天，秋初再回学校，成绩早已发表了，同学一百余人之中，我在中间，不过是没有落第。这回藤野先生所担任的功课，是解剖实习和局部解剖学。

解剖实习了大概一星期，他又叫我去了，很高兴地，仍用了极有抑扬的声调对我说道：

“我因为听说中国人是很敬重鬼的，所以很担心，怕你不肯解剖尸体。现在总算放心了，没有这回事。”

但他也偶有使我很为难的时候。他听说中国的女人是裹脚的，但不知道详细，所以要问我怎么裹法，足骨变成怎样的畸形，还叹息道：“总要看一看才知道。究竟是怎么一回事呢?”

有一天，本级的学生会干事到我寓里来了，要借我的讲义看。我检出来交给他们，却只翻检了一通，并没有带走。但他们一走，邮差就送到一封很厚的信，拆开看时，第一句是:

“你改悔罢!”

这是《新约》上的句子罢，但经托尔斯泰新近引用过的。其时正值日俄战争，托老先生便写了一封给俄国和日本的皇帝的信，开首便是这一句。日本报纸上很斥责他的不逊，爱国青年也愤然，然而暗地里却早受了他的影响了。其次的话，大略是说上年解剖学试验的题目，是藤野先生讲义上做了记号，我预先知道的，所以能有这样的成绩。末尾是匿名。

我这才回忆到前几天的一件事。因为要开同级会，干事便在黑板上写广告，末一句是“请全数到会勿漏为要”，而且在“漏”字旁边加了一个圈。我当时虽然觉到圈得可笑，但是毫不介意，这回才悟出那字也在讥刺我了，犹言我得了教员漏泄出来的题目。

我便将这事告知了藤野先生；有几个和我熟识的同学也很不平，一同去诘责干事托辞检查的无礼，并且要求他们将检查的结果发表出来。终于这流言消灭了，干事却又竭力运动，要收回那一封匿名信去。结末是我便将这托尔斯泰式的信退还了他们。

中国是弱国，所以中国人当然是低能儿，分数在六十分以上，便不是自己的能力了：也无怪他们疑惑。但我接着便有参观枪毙中国人的命运了。第二年添教霉菌学，细菌的形状是全用电影来显示的，一段落已完而还没有到下课的时候，便影几片时事的片子，自然都是日本战胜俄国的情形。但偏有中国人夹在里边：给俄国人做侦探，被日本军捕获，要枪毙了，围着看的也是一群中国人；在讲堂里的还有一个我。

“万岁！”他们都拍掌欢呼起来。

这种欢呼，是每看一片都有的，但在我，这一声却特别听得刺耳。此后回到中国来，我看见那些闲看枪毙犯人的人们，他们也何尝不酒醉似的喝彩——呜呼，无法可想！但在那时那地，我的意见却变化了。

到第二学年的终结，我便去寻藤野先生，告诉他我将不学医学，并且离开这仙台。他的脸色仿佛有些悲哀，似乎想说话，但竟没有说。

“我想去学生物学，先生教给我的学问，也还有用的。”其实我并没有决意要学生物学，因为看得他有些凄然，便说了一个慰安他的谎话。

“为医学而教的解剖学之类，怕于生物学也没有什么大帮助。”他叹息说。

将走的前几天，他叫我到他家里去，交给我一张照相，后面写着两个字道“惜别”，还说希望将我的也送他。但我这时适值没有照相了；他便叮嘱我将来照了寄给他，并且时时通信告诉他此后的状况。

我离开仙台之后，就多年没有照过相，又因为状况也无聊，说起来无非使他失望，便连信也怕敢写了。经过的年月一多，话更无从说起，所以虽然有时想写信，却又难以下笔，这样的一直到现在，竟没有寄过一封信和一张照片。从他那一面看起来，是一去之后，杳无消息了。

但不知怎地，我总还时时记起他，在我所认为我师的之中，他是最使我感激，给我鼓励的一个。有时我常常想：他的对于我的热心的希望，不倦的教诲，小而言之，是为中国，就是希望中国有新的医学；大而言之，是为学术，就是希望新的医学传到中国去。他的性格，在我的眼里和心里是伟大的，虽然他的姓名并不为许多人所知道。

他所改正的讲义，我曾经订成三厚本，收藏着的，将作为永久的纪念。不幸七年前迁居的时候，中途毁坏了一口书箱，失去半箱书，恰巧这讲义也遗失在内了。责成运送局去找寻，寂无回信。只有他的照相至今还挂在我北京寓居的东墙上，书桌对面。每当夜间疲倦，正想偷懒时，仰面在灯光中瞥见他黑瘦的面貌，似乎正要说出抑扬顿挫的话来，便使我忽又良心发现，而且增加勇气了，于是点上一支烟，再继续写些为“正人君子”之流所深恶痛疾的文字。

心路花语

鲁迅笔下的“正人君子”，映射的正是藤野先生正直无私、坚持真理、热爱学生的人格魅力。在鲁迅的精神家园里，有藤野播下的种子。鲁迅就是时时受着藤野先生的鞭策，几十年过去了，仍不敢有丝毫懈怠，他坚韧地斗争着，为民族的觉醒和解放而奋斗。

作者运用了多种多样的表现手法，来怀念藤野先生，歌颂了藤野先生的伟大品格，也表现了作者强烈的爱国主义思想。

雪落无痕，真爱无声 / 龙显旖

◎ 作者简介

龙显旖，资料不详。

对于雪，我总是有着一种特殊的感情。不为别的，只为它下时的无声无息、极度地宽容与包容着地面上的一切，像母爱。那年夏天，我收到了来自北方城市的一所大学的录取通知书。全家上下就跟过年过节一样，一片喜气洋洋，尤其是母亲，嘴巴一直没有合拢过，还翻出了好久未穿过的新衣服穿上，里里外外地忙开了。忙着置办酒席，宴请亲戚朋友。等这一切忙完了，好不容易清静了几天，母亲又忙开了。这次总是她一个人躲在卧室里，连平时最爱看的电视剧也不看了。我虽然感到奇怪，却没想太多。直到有一次去父母房里拿点东西，才看见母亲一个人默默地坐在台灯下，面前放着一本编织书，而母亲则拿着已织好的半截毛衣上的织针，双手生硬而费劲地挑来挑去，一会儿看看书，一会儿打几针，一会儿又打几针。我和小妹只在小时候穿过母亲织的毛衣，离现在已有十几年了，不知母亲何以再拿起织针，织起了毛衣。我问了一声："妈，你在干什么？"

母亲停了一下，扬起了手中的半截黄色的毛衣，有一点兴奋："看，给你打的毛衣。听说北方那边比这边冷，雪也下得早，打件毛衣给你冬天穿。"母亲叹了口气，似有一点感慨，"好久没打过毛衣了，有十几年了吧！想当年你们冬天穿的都是我打的毛衣，现在学都学不会了。”

我有点不以为然，一把抢过母亲手里的毛衣扔到一边，说：“现在还是夏天呢，怎么就想到冬天去了。况且，外面满大街都有羊毛衫卖呢！”母亲捡起了毛衣：“傻孩子，外面卖的没打的暖和。”我说：“那外面卖的可是纯羊毛的呢，比这暖和十倍不止，而且又好看又流行，谁还穿这古董一样的毛衣啊！”不由分说又将毛衣扔到一边，拉起母亲的手，拖着她去看电视。母亲十分勉强地跟在后面，坐在电视机前，眼睛左顾右盼，全然没有心情看电视，一直念叨着：“打的毛衣也可以打出很多式样的……”

临走前一天，母亲又将我准备好的行李打开来，认认真真、仔仔细细地检查了一遍……这已是第三遍了，确认不缺东西后才收拾好，然后坐在一旁盯着行李，想着还有什么没带的。那目光使我不忍多看，好像丢失了什么似的。带着新鲜与紧张的心情，我终于踏上了北上求学的路。毕竟这是我第一次出那么远的门，总想着外面的世界的精彩，全然没有觉察到父母眼里的那种恋恋不舍和放心不下。

母亲一直在耳边说个不停，什么“一个人出门在外，要自己小心啊！……要照顾好自己啊！……要吃饱啊！……不要饿着啦！不要冻着啦！”等等，断断续续地传过来又飘远去了，让我觉得有一点烦，只以点头和“嗯”、“好”应对。等到火车启动了，看到满车厢里全都是陌生的脸时，我的心才一颤，这次是真的自己一个人了，忙去搜寻父母的影子。车窗外，父亲母亲相扶着，盯着我所在的车厢，母亲的眼里早已是噙满了泪水。我突然有了一股想哭的冲动，最后还是强忍住了，男儿流血不流泪，这一直是我作为男儿的一种信仰。

开学的第一天，晚上冲完凉后，我将要洗的衣服随手扔在了床角，到第二天要穿的时候才发现它们还在原地；每天下午一下课，便冲出教室往校门外跑，这才记起此处离家已是千里；每次吃完最后一口饭，习惯性地总想点一下头，这才记起已没有了母亲关心的询问：“吃饱了没有?”

经过一段新鲜与适应，日子慢慢趋于平静，我渐渐习惯了自己的衣服自己洗；习惯了下课了就赶着去饭堂吃饭；习惯了自己问自己吃饱了没有。这一切，在家里都是由母亲代劳的。一想到这些，心情就变得复杂起来，平时一些看似微不足道的事，如一顿供你挑剔的饭菜，一件仍带有清香的干净衣服，都是那么平平常常、普普通通，等到离家远了，一切都得靠自己了，才发现母亲给予自己的原来是那么多。而平时没有发现，是它不露一点痕迹，还是你身处其中习惯了，从而忽视了它。

日子就这么过着，我写给家里的信由频渐少，而母亲的来信却丝毫没有放慢脚步，一封紧接一封地传到我的手上，如一股幽泉般，徐徐地送来甘甜的母爱，滋润着我远离故乡远离父母而变得脆弱的心。母亲在信中始终不变的话题是："这几天的温度是 17 ~ 19 度，会有大雨下，别忘了带伞，当心感冒。""这几天的温度是 18 ~ 21 度，会出太阳，别忘了晒晒被子……"母亲的家书就像是一个温度计般，测量着我周围的一切。可以想见，母亲现在最爱看的电视节目就是天气预报了吧！每天 7 点半，新闻联播一完，母亲就会停下手中正在洗的碗或衣服，认认真真、一字不落地倾听我所处的城市的天气变化，恨不能自己就变成了控制天气的雷公电母，给我以一生的风和日丽、晴天碧日。然后她又会逼着父亲拿出那张看了无数遍的中国地图，仔细地按图索骥，找出我所处的城市的地理位置，默默凝视这个容纳着自己的儿子的地方。

当母亲信中的温度慢慢降到了四五度的时候，我才蓦然发觉，这个秋天已经过完了。老天爷总是阴沉着脸，丢失了先前的热情。母亲在信中写道："冬天到了，多穿点衣服，有空再去买几件厚点的外套，不要怕去逛街。……要不我给你买了寄过去吧？"母亲仍记得我最怕的就是去逛街，所以我的大部分衣服都是母亲帮着去买的。我回信道：“不用了，我自己会去买的。”而我要买的那些衣服，在我把所有的厚衣服都加在身上仍能感觉出寒意时，仍没有买回来。只有躲在厚厚的被窝中才能感觉到一种踏实的温暖。想起母亲来，才发觉她是多么的有先见之明。

这床棉被是家里最厚的一床，当初我不肯带，是母亲硬逼着我带来的。理由是外面卖的没有家里的暖和。到现在我终于知道家里的任何东西都要比外面的好，真的。

天空低沉得似乎触手可及，北风呼啸着发出狂妄的吼声，目空一切。我躲在被窝中窃笑：北风啊，是没有多少东西可以跟你抗衡，但是我有母亲准备的棉被，有母亲的爱，已足够藐视你了。

中午吃饭的时候路过通告栏，顺便看了一下，有我的信和一个包裹，是母亲寄来的。会是什么呢？我猜测着。领回来拿到宿舍一打开，一件黄色的毛衣膨胀着露了出来……是今年夏天母亲打的那一件。“龙儿，这几天天气预报说你们那里可能会下雪，要多穿点衣服。这件毛衣这两天打好的，冷时就穿上吧！”我一把抓起毛衣，掌心里一团柔柔的、暖暖的。仿佛又看到了母亲默默地坐在台灯下，前面放着编织书，母亲认认真真地用生硬的针法，把一颗爱心融于一条细细的、长长的毛线，绕上千丝万缕的思念，一针一针织就了这件曲曲绕绕的毛衣。穿在儿子身上，却是母亲的一颗心啊！蓦地想起一首诗：

慈母手中线，游子身上衣。
临行密密缝，意恐迟迟归。
谁言寸草心，报得三春晖。

“临行密密缝，意恐迟迟归……”我念叨着，突然明白了母亲为什么会在我要走的时候想起为我打一件毛衣，而我呢？却将母亲的一份爱子之情，扔到了一旁。我不禁感从中来，反问自己：我将如何去报答母亲的恩情呢？感觉着远方母亲的爱，喉间忽然一紧，鼻子一酸，一股暖流从脸上划过，又流入了心里。那句男儿流血不流泪的信仰被我抛于脑后，泪水终于再也忍不住了。

第二天一早醒来，窗外已是白茫茫的一片了，昨晚下了入冬以来的第一场雪。雪下得无声无息，覆盖了一切，充斥着每个人的眼睛。一场平凡的雪，却又是不平凡的。它给人们带来了一个全新的世界；给我开启了一扇通向母亲情感世界的大门，让我可以更清楚地认识母亲对于子女们的爱。

我将母亲织的毛衣穿在了最外面，此刻，心里已没有了一丝寒意。

心路花语

离开家，才发现母亲给予子女的原来是那么多。而平时没有发现，是因为它不露一点痕迹，还是因为身处其中习惯了，从而忽视了它。

而对于牵挂千里之外的子女的母亲，每晚都关注子女所在城市的天气，恨不能自己就变成了控制天气的雷公电母，给子女以一生的风和日丽、晴天碧日。

母亲啊！人生的旅途上，您做了子女的水手，您做了子女的风帆，您做了子女的灯塔……为子女起锚护航，指明方向，载子女驶向成功的彼岸！

背影 / 朱自清

我与父亲不相见已二年余了，我最不能忘记的是他的背影。

那年冬天，祖母死了，父亲的差使也交卸了，正是祸不单行的日子。我从北京到徐州打算跟着父亲奔丧回家。到徐州见着父亲，看见满院狼藉的东西，又想起祖母，不禁簌簌地流下眼泪。父亲说：“事已如此，不必难过，好在天无绝人之路！”

回家变卖典质，父亲还了亏空；又借钱办了丧事。这些日子，家中光景很是惨淡，一半因为丧事，一半因为父亲赋闲。丧事完毕，父亲要到南京谋事，我也要回北京念书，我们便同行。

到南京时，有朋友约去游逛，勾留了一日；第二日上午便须渡江到浦口，下午上车北去。父亲因为事忙，本已说定不送我，叫旅馆里一个熟识的茶房陪我同去。他再三嘱咐茶房，甚是仔细。但他终于不放心，怕茶房不妥帖；颇踌躇了一会。其实我那年已二十岁，北京已来往过两三次，是没有什么要紧的了。他踌躇了一会，终于决定还是自己送我去。我再三劝他不必去；他只说：“不要紧，他们去不好！”

我们过了江，进了车站。我买票，他忙着照看行李。行李太多了，得向脚夫行些小费才可过去。他便又忙着和他们讲价钱。我那时真是聪明过分，总觉他说话不大漂亮，非自己插嘴不可，但他终于讲定了价钱；就送我上车。他给我拣定了靠车门的一张椅子；我将他给我做的紫毛大衣铺好座位。他嘱我路上小心，夜里要警醒些，不要受凉。又嘱托茶房好好照应我。我心里暗笑他的迂；他们只认得钱，托他们只是白托！而且我这样大年纪的人，难道还不能料理自己么？唉，我现在想想，那时真是太聪明了！

我说道：“爸爸，你走吧。”他往车外看了看说：“我买几个橘子去。你就在此地，不要走动。”我看那边月台的栅栏外有几个卖东西的等着顾客。走到那边月台，须穿过铁道，须跳下去又爬上去。父亲是一个胖子，走过去自然要费事些。我本来要去的，他不肯，只好让他去。我看见他戴着黑布小帽，穿着黑布大马褂，深青布棉袍，蹒跚地走到铁道边，慢慢探身下去，尚不大难。可是他穿过铁道，要爬上那边月台，就不容易了。他用两手攀着上面，两脚再向上缩；他肥胖的身子向左微倾，显出努力的样子，这时我看见他的背影，我的泪很快地流下来了。我赶紧拭干了泪。怕他看见，也怕别人看见。我再向外看时，他已抱了朱红的橘子往回走了。过铁道时，他先将橘子散放在地上，自己慢慢爬下，再抱起橘子走。到这边时，我赶紧去搀他。他和我走到车上，将橘子一股脑儿放在我的皮大衣上。于是扑扑衣上的泥土，心里很轻松似的。过一会儿说：“我走了，到那边来信！”我望着他走出去。他走了几步，回过头看见我，说：“进去吧，里边没人。”等他的背影混入来来往往的人里，再找不着了，我便进来坐下，我的眼泪又来了。

近几年来，父亲和我都是东奔西走，家中光景是一日不如一日。他少年出外谋生，独立支持，做了许多大事。哪知老境却如此颓唐！他触目伤怀，自然情不能自已。情郁于中，自然要发之于外；家庭琐屑便往往触他之怒。他待我渐渐不同往日。但最近两年不见，他终于忘却我的不好，只是惦记着我，惦记着我的儿子。我北来后，他写了一信给我，信中说道：“我身体平安，惟膀子疼痛厉害，举箸提笔，诸多不便，大约大去之期不远矣。”我读到此处，在晶莹的泪光中，又看见那肥胖的、青布棉袍黑布马褂的背影。唉！我不知何时再能与他相见！

心路花语

父亲不像母亲那样会有嘘寒问暖的问候，琐碎绵长的挂念。没有不爱自己孩子的父亲，所以你不需要怀疑父亲对你的爱。父爱，伟岸似高山，温暖胜太阳，圣洁如白雪，宽广若海洋。父爱会悄悄伴随你的成长，不喧嚣，不张扬，很多时候你看不到。但是一旦你需要父亲给予你力量，只要你一回头就会发现，原来他一直就在你的身旁。

朱自清先生的散文感情真挚自然，语言朴素简洁，结构严谨精巧，具有清新、委婉、隽永的艺术风格。《背影》是他前期散文的代表作。

贫困是一所最好的大学 / 安金鹏

◎ 作者简介

安金鹏，1997 年进入北京大学数学研究院，2006 年取得博士学位。1997 年 7 月 28 日，天津一中高三学生安金鹏，在阿根廷举行的第三十八届国际奥林匹克数学竞赛中荣获金牌。

1997 年 9 月 5 日，是我离家去北京大学数学研究院报到的日子。袅袅的炊烟一大早就在我家那幢破旧的农房上升腾。

跛脚的妈妈在为我擀面，这面粉是妈妈用五个鸡蛋和邻居换来的，她的脚是前天为了给我多筹点学费，推着一整车蔬菜在去镇里的路上扭伤的。端着碗，我哭了，我撂下筷子跪到地上，久久地抚摸着妈妈肿得比馒头还高的脚，眼泪一滴滴滚落在地上……

我的家在天津市武清县大友岱村，我有一个天下最好的母亲，她名叫李艳霞。

我家太穷了。我出生的时候，奶奶便病倒在炕头上，4 岁那年，爷爷又患了支气管哮喘和半身不遂，家里欠的债一年比一年多。7 岁那年，我上学了，学费是妈妈向人借的。我总是把同学扔掉的铅笔头捡回来，用线捆在一根小棍上接着用，或用橡皮把写过字的练习本擦干净，再接着用，妈妈心疼得有时连买铅笔和本子的几分钱也要去向人借。不过，妈妈也有高兴的时候，不论大考小考，我总能考第一，数学总是满分。在妈妈的鼓励下，我越学越快乐，我真的不知道天下还有什么事会比读书更快乐。我没上小学就学完了四则运算和小数分数；上小学靠自学弄懂了初中的数理化；上初中也自学完了高中的理科课程。1994 年 5 月，天津市举办初中物理竞赛，我是市郊五县学生中唯一考进前三名的农村小孩。那年 6 月，我被著名的天津一中破格录取，欣喜若狂地跑回家。没想到，把喜讯告诉家人时，他们的脸上竟堆满愁云。奶奶去世不到半年，爷爷也生命垂危，家里现在已欠了 1 万多元的债。

我默默回到房中，流了一整天的泪。

晚上，听到屋外有争吵声。原来是妈妈想把家里的那头毛驴卖掉，好让我上学，爸爸坚决不同意。他们的话让病重的爷爷听见了，爷爷一急竟永远地离开了人世。安葬完爷爷，家里又多了几千元的债。我再不提念书的事了，把录取通知书叠好塞进枕套里，每天跟着妈妈下田干活。过了两天，我和爸爸同时发现小毛驴不见了！

爸爸铁青着脸责问妈妈："你把小毛驴卖了？你疯了，以后整庄稼、卖粮食你去用手推、用肩扛啊？你卖毛驴的那几百块钱能供金鹏念一学期还是两学期……"那天，妈妈哭了，她用很凶很凶的声音吼爸爸："娃儿要念书有什么错？金鹏考上市一中在咱武清县是独一无二呀！咱不能让'穷'字把娃儿的前程给耽误了。我就是用手推、用肩扛也要让他念下去。"捧着妈妈卖毛驴得来的600元，我真想给妈妈下跪、磕头。我太爱念书，然而，这一念下去，妈妈又要为我吃多少苦？那年秋天我回家拿冬衣，发现爸爸脸色蜡黄，瘦得皮包骨似的躺在炕上。妈妈若无其事地告诉我："没事，重感冒，快好了。"谁知，第二天我拿起药瓶看上面的英文，竟发现这些药是抑制癌细胞扩散的。我把妈妈拉到屋外，哭着问她这是怎么回事，妈妈说自从我上一中后，爸便开始便血，一天比一天严重。妈妈借了6 000元去天津、北京一遍遍地查，最后确诊为肠息肉，医生要爸爸赶快动手术。妈妈准备再去借钱，可是爸爸死活不答应。他说亲戚朋友都借遍了，只借不还，谁还愿意再借咱呀？

那天，邻居还告诉我，母亲是用一种原始而悲壮的方式完成收割的。她没有足够的力气把麦子挑到场院去脱粒，也没有钱雇人帮忙，她是熟一块割一块，然后再用平板车拉回家，晚上在院里铺一块塑料布，用双手抓一大把麦穗在大石头上摔打……三亩地的麦子，全靠她一个人，她累得站不住了就跪着割，膝盖磨出了血，走路时一瘸一拐的……不等邻居说完，我便飞跑回家，大哭道："妈妈，妈妈，我不能再读下去了呀……"妈妈最终还是把我赶回了学校。

我的生活费是每个月 60 元到 80 元，比起其他同学的 200 元到 240 元，实在少得可怜。可只有我才知道，妈妈为这一点点钱，从月初就得一分一分地省，一元一元地卖鸡蛋、蔬菜，实在凑不出时，还得去借钱。而她和爸爸、弟弟，几乎从不吃菜，就是有点儿菜也不用油拌，只舀点儿腌咸菜的汤搅和着吃。妈妈为了不让我饿肚子，每个月都要步行十多里路去给我批发方便面渣。每个月月底，妈妈总是带着一个鼓鼓的大袋子，千辛万苦地来天津看我。袋里除了方便面渣，还有妈妈从 6 里外一家印刷厂要来的废纸（给我做计算纸用）和一大瓶黄豆辣酱，以及一把理发的推子（天津理发最便宜也要 5 元，妈妈要我省下来多买几个馒头吃）。

我是天津一中唯一在食堂连青菜也吃不起的学生，只能买两个馒头，回宿舍泡点方便面渣就着辣酱和咸菜吃；我也是唯一用不起稿纸的学生，只能用一面印字的废纸打草稿；我还是唯一没用过肥皂的学生，洗衣服总是到食堂要点碱面将就。可是，我从来没有自卑过，我觉得妈妈是一个向苦难、向厄运抗争的英雄，做她的儿子我无上光荣！

刚进天津一中的时候，英语课就把我听懵了。母亲来的时候，我向她说了怕英语跟不上的顾虑，谁知她竟一脸笑容地回答："妈只知道你是最能吃苦的孩子，妈不爱听你说难，因为一吃苦便不难了。"我记住了妈妈的话。我有点儿口吃，有人告诉我，学好英语，首先要让舌头听自己的话，于是，我常捡一枚石子含在嘴里，然后拼命背英文。舌头跟石子磨呀磨，有时血水顺着嘴角流了下来，但我始终咬牙坚持着。半年过去了，小石子磨圆了，我的舌头也磨平了，英语成绩进入全班前三名。我真感谢母亲，她的话激励我神奇地跨越了这个学习障碍。

1996 年，我参加全国奥林匹克知识竞赛天津赛区的比赛，获得了物理一等奖和数学二等奖，将代表天津去杭州参加全国物理奥赛。"拿一个全国一等奖送给妈妈，然后参加世界物理奥赛去。"我抑制不住内心的激动，把喜讯和愿望写信告诉了母亲。结果我仅得了二等奖，我一头倒在床上，不吃不喝，尽管这已是天津市参赛者中的最好成绩，可要报答含辛茹苦的母亲，实在不够啊！回到学校，老师们帮我分析失败的原因：我总想数理化全面发展，主攻项目太多而分散了精力。如果我现在只攻数学，一定能赢。

1997 年 1 月，我终于在全国数学竞赛中，以满分的成绩获得第一名，进入国家集训队，并在十次测验中夺魁。按规定，我赴阿根廷参加比赛的费用须自理。缴完报名费，我把必备书籍和母亲做的黄豆辣酱包好，准备工作就结束了。班主任和数学老师看我依然穿着别人接济的，颜色、大小不协调的衣服，打开储藏柜，指着袖子接了两次、下摆接了三寸长的棉衣和那些补丁连补丁的汗衫、背心说："金鹏，这就是你全部的衣服啊？"我不知所措，忙说："老师，我不怕丢人。母亲总告诉我'腹有诗书气自华'，我就是穿着它们去见美国总统也不怕。"

7 月 27 日，奥赛正式开始。我们从早上 8 点 30 分到下午 2 点，整整做了 5 个半小时的试题。第二天公布成绩，首先公布的是铜牌，我不希望听到自己的名字；接着公布银牌；最后，公布金牌，一个，两个，第三个是我。我喜极而泣，心中默默喊道："妈妈，您的儿子成功了。"我和另一位同学在第三十八届国际奥林匹克数学竞赛中分获金银牌的消息，当晚便被中央人民广播电台和中央电视台播出了。8月1日，当我们载誉归来时，中国科协、中国数学学会为我们举行了隆重的欢迎仪式。此时，我想回家，我想尽早见到妈妈，我要亲手把灿烂的金牌挂在她的脖子上……那天晚上10点多，我终于摸黑回到朝思暮想的家。开门的是爸爸，可是一把将我紧紧搂进怀里的，依然是我那慈祥的妈妈。朗朗的星空下，母亲把我搂得那样紧……我把金牌掏出来挂在她脖子上，畅畅快快地哭了。

8月12日，天津一中礼堂里座无虚席，妈妈和市教育局的官员及著名的数学教授们一起坐上了主席台。

那天，我说了这样一席话：

我要用整个生命感激一个人，那就是哺育我成人的妈妈。她是一个普通的农妇，可是，她教给我做人的道理却可以激励我一生。高一那年，我想买一本《汉英大词典》学英语。妈妈兜里没钱，却仍然答应想办法。早饭后，妈妈借来一辆架子车，装了一车白菜和我一起拖到40里外的县城去卖。到县城时，已快中午了，我早上和妈妈只喝了两碗红薯玉米稀饭，此时，肚子饿得直叫，真恨不得立刻有买主把菜拉走，但妈妈还是耐心地讨价还价，最后终于以1角钱1斤成交。210斤白菜应该换来21元，买主只给了20元。

有了钱，我想先吃饭，可妈妈说还是先买书吧！这是今天的正事。我们到书店一问书价，要18.25元，买完书只剩下1.75元。妈妈只给了我0.75元去买了两个烧饼，说剩余的1元钱要攒着给我上学花。虽然吃了两个烧饼，等我们娘俩快走完40多里的回家路时，我已经饿得头晕眼花了。这时才想起，我居然忘了分一个烧饼给母亲，她饿了一天，为我拉了80里路的车。我后悔得想打自己耳刮子。

母亲却说："妈没多少文化，可是，妈记得小时候老师念过高尔基的一句话——贫困是一所最好的大学！你要是能在这个学堂里过了关，那咱天津、北京的大学就由你考哩。"

妈妈说这话的时候不看我，看着那条土路远处，好像它真的可以通向天津、通向北京一样。我听着听着就觉得肚子不饿了，腿也不疲了……如果说贫困是一所最好的大学，那我就要说，我的农妇妈妈，她是我人生中最好的导师。

台下，不知有多少双眼睛湿润了，我转过身，朝我双鬓已花白的母亲，深深地鞠躬……

心路花语

生于清贫，长于清贫，清贫讲述了爱的真谛，道出了做人的真谛。

感恩清贫，感恩母亲。正是不甘清贫的母亲给了儿子最好的大学和享用一生的财富，为儿子撑起一片天，诠释了这段传奇母爱。

为了忘却的纪念／鲁迅

一

我早已想写一点文字，来纪念几个青年的作家。这并非为了别的，只因为两年以来，悲愤总时时来袭击我的心，至今没有停止，我很想借此算是竦身一摇，将悲哀摆脱，给自己轻松一下，照直说，就是我倒要将他们忘却了。

两年前的此时，即一九三一年的二月七日夜或八日晨，是我们的五个青年作家同时遇害的时候。当时上海的报章都不敢载这件事，或者也许是不愿，或不屑载这件事，只在《文艺新闻》上有一点隐约其辞的文章。那第十一期（五月二十五日）里，有一篇林莽先生作的《白莽印象记》，中间说：

他做了好些诗，又译过匈牙利和诗人彼得斐的几首诗，当时的《奔流》的编辑者鲁迅接到了他的投稿，便来信要和他会面，但他却是不愿见名人的人，结果是鲁迅自己跑来找他，竭力鼓励他作文学的工作，但他终于不能坐在亭子间里写，又去跑他的路了。不久，他又一次的被捕了。……

这里所说的我们的事情其实是不确的。白莽并没有这么高慢，他曾经到过我的寓所来，但也不是因为我要求和他会面；我也没有这么高慢，对于一位素不相识的投稿者，会轻率的写信去叫他。我们相见的原因很平常，那时他所投的是从德文译出的《彼得斐传》，我就发信去讨原文，原文是载在诗集前面的，邮寄不便，他就亲自送来了。看去是一个二十多岁的青年，面貌很端正，颜色是黑黑的，当时的谈话我已经忘却，只记得他自说姓徐，象山人；我问他为什么代你收信的女士是这么一个怪名字（怎么怪法，现在也忘却了），他说她就喜欢起得这么怪，罗曼蒂克，自己也有些和她不大对劲了。就只剩了这一点。

夜里，我将译文和原文粗粗的对了一遍，知道除几处误译之外，还有一个故意的曲译。他像是不喜欢“国民诗人”这个字的，都改成“民众诗人”了。第二天又接到他一封来信，说很悔和我相见，他的话多，我的话少，又冷，好像受了一种威压似的。我便写一封回信去解释，说初次相会，说话不多，也是人之常情，并且告诉他不应该由自己的爱憎，将原文改变。因为他的原书留在我这里了，就将我所藏的两本集子送给他，问他可能再译几首诗，以供读者的参看。他果然译了几首，自己拿来了，我们就谈得比第一回多一些。这传和诗，后来就都登在《奔流》第二卷第五本，即最末的一本里。

我们第三次相见，我记得是在一个热天。有人打门了，我去开门时，来的就是白莽，却穿着一件厚棉袍，汗流满面，彼此都不禁失笑。这时他才告诉我他是一个革命者，刚由被捕而释出，衣服和书籍全被没收了，连我送他的那两本；身上的袍子是从朋友那里借来的，没有夹衫，而必须穿长衣，所以只好这么出汗。我想，这大约就是林莽先生说的"又一次的被捕了"的那一次了。

我很欣幸他的得释，就赶紧付给稿费，使他可以买一件夹衫，但一面又很为我的那两本书痛惜：落在捕房的手里，真是明珠投暗了。那两本书，原是极平常的，一本散文，一本诗集，据德文译者说，这是他搜集起来的，虽在匈牙利本国，也还没有这么完全的本子，然而印在《莱克朗氏万有文库》（Reclamm's Universal – Bibliothek）中，倘在德国，就随处可得，也值不到一元钱。不过在我是一种宝贝，因为这是三十年前，正当我热爱彼得斐的时候，特地托丸善书店从德国去买来的，那时还恐怕因为书极便宜，店员不肯经手，开口时非常惴惴。后来大抵带在身边，只是情随事迁，已没有翻译的意思了，这回便决计送给这也如我的那时一样，热爱彼得斐的诗的青年，算是给它寻得了一个好着落。所以还郑重其事，托柔石亲自送去的。谁料竟会落在“三道头”之类的手里的呢，这岂不冤枉！

二

我的绝不邀投稿者相见，其实也并不完全因为谦虚，其中含着省事的分子也不少。由于历来的经验，我知道青年们，尤其是文学青年们，十之九是感觉很敏，自尊心也很旺盛的，一不小心，极容易得到误解，所以倒是故意回避的时候多。见面尚且怕，更不必说敢有托付了。但那时我在上海，也有一个惟一的不但敢于随便谈笑，而且还敢于托他办点私事的人，那就是送书去给白莽的柔石。

我和柔石最初的相见，不知道是何时，在那里。

他仿佛说过，曾在北京听过我的讲义，那么，当在八九年之前了。我也忘记了在上海怎么来往起来，总之，他那时住在景云里，离我的寓所不过四五家门面，不知怎么一来，就来往起来了。大约最初的一回他就告诉我是姓赵，名平复。但他又曾谈起他家乡的豪绅的气焰之盛，说是有一个绅士，以为他的名字好，要给儿子用，叫他不要用这名字了。所以我疑心他的原名是“平福”，平稳而有福，才正中乡绅的意，对于“复”字却未必有这么热心。他的家乡，是台州的宁海，这只要一看他那台州式的硬气就知道，而且颇有点迂，有时会令我忽而想到方孝孺，觉得好像也有些这模样的。

他躲在寓里弄文学，也创作，也翻译，我们往来了许多日，说得投合起来了，于是另外约定了几个同意的青年，设立朝华社。目的是在绍介东欧和北欧的文学，输入外国的版画，因为我们都以为应该来扶植一点刚健质朴的文艺。接着就印《朝花旬刊》，印《近代世界短篇小说集》，印《艺苑朝华》，算都在循着这条线，只有其中的一本《拾谷虹儿画选》，是为了扫荡上海滩上的“艺术家”，即戳穿叶灵凤这纸老虎而印的。

然而柔石自己没有钱，他借了二百多块钱来做印本。除买纸之外，大部分的稿子和杂务都是归他做，如跑印刷局，制图，校字之类。可是往往不如意，说起来皱着眉头。看他旧作品，都很有悲观的气息，但实际上并不然，他相信人们是好的。我有时谈到人会怎样的骗人，怎样的卖友，怎样的吮血，他就前额亮晶晶的，惊疑地圆睁了近视的眼睛，抗议道，“会这样的么？——不至于此罢？……”

不过朝花社不久就倒闭了，我也不想说清其中的原因，总之是柔石的理想的头，先碰了一个大钉子，力气固然白化，此外还得去借一百块钱来付纸账。后来他对于我那“人心惟危”说的怀疑减少了，有时也叹息道，“真会这样的么？……”但是，他仍然相信人们是好的。

他于是一面将自己所应得的朝花社的残书送到明日书店和光华书局去，希望还能够收回几文钱，一面就拼命的译书，准备还借款，这就是卖给商务印书馆的《丹麦短篇小说集》和戈理基作的长篇小说《阿尔泰莫诺夫之事业》。但我想，这些译稿，也许去年已被兵火烧掉了。

他的迂渐渐的改变起来，终于也敢和女性的同乡或朋友一同去走路了，但那距离，却至少总有三四尺的。这方法很不好，有时我在路上遇见他，只要在相距三四尺前后或左右有一个年轻漂亮的女人，我便会疑心就是他的朋友。但他和我一同走路的时候，可就走得近了，简直是扶住我，因为怕我被汽车或电车撞死；我这面也为他近视而又要照顾别人担心，大家都仓皇失措的愁一路，所以倘不是万不得已，我是不大和他一同出去的，我实在看得他吃力，因而自己也吃力。

无论从旧道德，从新道德，只要是损己利人的，他就挑选上，自己背起来。

他终于决定地改变了，有一回，曾经明白的告诉我，此后应该转换作品的内容和形式。我说：这怕难罢，譬如使惯了刀的，这回要他耍棍，怎么能行呢？他简洁的答道：只要学起来！

他说的并不是空话，真也在从新学起来了，其时他曾经带了一个朋友来访我，那就是冯铿女士。谈了一些天，我对于她终于很隔膜，我疑心她有点罗曼蒂克，急于事功；我又疑心柔石的近来要做大部的小说，是发源于她的主张的。但我又疑心我自己，也许是柔石的先前的斩钉截铁的回答，正中了我那其实是偷懒的主张的伤疤，所以不自觉地迁怒到她身上去了。——我其实也并不比我所怕见的神经过敏而自尊的文学青年高明。

她的体质是弱的，也并不美丽。

三

直到左翼作家联盟成立之后，我才知道我所认识的白莽，就是在《拓荒者》上做诗的殷夫。有一次大会时，我便带了一本德译的，一个美国的新闻记者所做的中国游记去送他，这不过以为他可以由此练习德文，另外并无深意。然而他没有来。我只得又托了柔石。

但不久，他们竟一同被捕，我的那一本书，又被没收，落在“三道头”之类的手里了。

四

明日书店要出一种期刊，请柔石去做编辑，他答应了；书店还想印我的译著，托他来问版税的办法，我便将我和北新书局所订的合同，抄了一份交给他，他向衣袋里一塞，匆匆地走了。其时是一九三一年一月十六日的夜间，而不料这一去，竟就是我和他相见的末一回，竟就是我们的永诀。第二天，他就在一个会场上被捕了，衣袋里还藏着我那印书的合同，听说官厅因此正在找寻我。印书的合同，是明明白白的，但我不愿意到那些不明不白的地方去辩解。记得《说岳全传》里讲过一个高僧，当追捕的差役刚到寺门之前，他就“坐化”了，还留下什么“何立从东来，我向西方走”的偈子。这是奴隶所幻想的脱离苦海的惟一的好方法，“剑侠”盼不到，最自在的惟此而已。我不是高僧，没有涅槃的自由，却还有生之留恋，我于是逃走。

这一夜，我烧掉了朋友们的旧信札，就和女人抱着孩子走在一个客栈里。不几天，即听得外面纷纷传我被捕，或是被杀了，柔石的消息却很少。有的说，他曾经被巡捕带到明日书店里，问是否是编辑；有的说，他曾经被巡捕带往北新书局去，问是否是柔石，手上上了铐，可见案情是重的。但怎样的案情，却谁也不明白。

他在囚系中，我见过两次他写给同乡的信，第一回是这样的——

我与三十五位同犯（七个女的）于昨日到龙华。并于昨夜上了镣，开政治犯从未上镣之纪录。此案累及太大，我一时恐难出狱，书店事望兄为我代办之。现亦好，且跟殷夫兄学德文，此事可告周先生；望周先生勿念，我等未受刑。捕房和公安局，几次问周先生地址，但我哪里知道。诸望勿念。祝好！

赵少雄一月二十四日。

以上正面。

洋铁饭碗，要二三只

如不能见面，可将东西望转交赵少雄

以上背面。

他的心情并未改变，想学德文，更加努力；也仍在记念我，像在马路上行走时候一般。但他信里有些话是错误的，政治犯而上镣，并非从他们开始，但他向来看得官场还太高，以为文明至今，到他们才开始了严酷。其实是不然的。果然，第二封信就很不同，措词非常惨苦，且说冯女士的面目都浮肿了，可惜我没有抄下这封信。其时传说也更加纷繁，说他可以赎出的也有，说他已经解往南京的也有，毫无确信；而用函电来探问我的消息的也多起来，连母亲在北京也急得生病了，我只得一一发信去更正，这样的大约有二十天。

天气愈冷了，我不知道柔石在那里有被褥不？我们是有的。洋铁碗可曾收到了没有？……但忽然得到一个可靠的消息，说柔石和其他二十三人，已于二月七日夜或八日晨，在龙华警备司令部被枪毙了，他的身上中了十弹。

原来如此！……

在一个深夜里，我站在客栈的院子中，周围是堆着的破烂的什物；人们都睡觉了，连我的女人和孩子。我沉重地感到我失掉了很好的朋友，中国失掉了很好的青年，我在悲愤中沉静下去了，然而积习却从沉静中抬起头来，凑成了这样的几句：

惯于长夜过春时，挈妇将雏鬓有丝。
梦里依稀慈母泪，城头变幻大王旗。
忍看朋辈成新鬼，怒向刀丛觅小诗。
吟罢低眉无写处，月光如水照缁衣。

但末二句，后来不确了，我终于将这写给了一个日本的歌人。

可是在中国，那时是确无写处的，禁锢得比罐头还严密。我记得柔石在年底曾回故乡，住了好些时，到上海后很受朋友的责备。他悲愤地对我说，他的母亲双眼已经失明了，要他多住几天，他怎么能够就走呢？我知道这失明的母亲的眷眷的心，柔石的拳拳的心。当《北斗》创刊时，我就想写一点关于柔石的文章，然而不能够，只得选了一幅珂勒惠支（Kaethe Kollwitz）夫人的木刻，名曰《牺牲》，是一个母亲悲哀地献出她的儿子去的，算是只有我一个人心里知道的柔石的记念。

同时被难的四个青年文学家之中，李伟森我没有会见过，胡也频在上海也只见过一次面，谈了几句天。较熟的要算白莽，即殷夫了，他曾经和我通过信，投过稿，但现在寻起来，一无所得，想必是十七那夜统统烧掉了，那时我还没有知道被捕的也有白莽。然而那本《彼得斐诗集》却在的，翻了一遍，也没有什么，只在一首《Wahlspruch》（格言）的旁边，有钢笔写的四行译文道：

生命诚宝贵，
爱情价更高；
若为自由故，
二者皆可抛！

又在第二页上，写着“徐培根”三个字，我疑心这是他的真姓名。

五

前年的今日，我避在客栈里，他们却是走向刑场了；去年的今日，我在炮声中逃在英租界，他们则早已埋在不知哪里的地下了；今年的今日，我才坐在旧寓里，人们都睡觉了，连我的女人和孩子。我又沉重地感到我失掉了很好的朋友，中国失掉了很好的青年，我在悲愤中沉静下去了，不料积习又从沉静中抬起头来，写下了以上那些字。

要写下去，在中国的现在，还是没有写处的。年轻时读向子期《思旧赋》，很怪他为什么只有寥寥的几行，刚开头却又煞了尾。然而，现在我懂得了。

不是年轻的为年老的写记念，而在这三十年中，却使我目睹许多青年的血，层层淤积起来，将我埋得不能呼吸，我只能用这样的笔墨，写几句文章，算是从泥土中挖一个小孔，自己延口残喘，这是怎样的世界呢。夜正长，路也正长，我不如忘却，不说的好罢。但我知道，即使不是我，将来总会有记起他们，再说他们的时候的。

二月七一八日

心路花语

“左联”五烈士的血案在当时文化界引起极大的震撼。国民党反动派当时残酷镇压和迫害左翼知识分子，而普通的老百姓并不知情，在这样的情况下，烈士牺牲之后还要面对诬陷和诽谤，其意义和价值极有可能被否定或刻意淡忘，因此，作者写了本文，揭露事实、彰显意义以对抗这样的黑暗现状在当时是非常迫切和必要的。

合欢树 / 史铁生

10 岁那年，我在一次作文比赛中得了第一。母亲那时候还年轻，急着跟我说她自己，说她小时候的作文作得还要好，老师甚至不相信那么好的文章会是她写的。“老师找到家来问，是不是家里的大人帮了忙。我那时可能还不到 10 岁呢。”我听得扫兴，故意笑：“可能？什么叫‘可能还不到’？”她就解释。我装做根本不在意她的话，对着墙打乒乓球，把她气得够呛。不过我承认她聪明，承认她是世界上长得最好看的女的。她正给自己做一条蓝底白花的裙子。

20 岁时，我的两条腿残废了。除去给人家画彩蛋，我想我还应该再干点别的事，先后改变了几次主意，最后想学写作。母亲那时已不年轻，为了我的腿，她头上开始有了白发。医院已明确表示，我的病目前没法治。母亲的全副心思却还放在给我治病上，到处找大夫，打听偏方，花了很多钱。她倒总能找来些稀奇古怪的药，让我吃，让我喝，或是洗、敷、熏、灸。“别浪费时间啦，根本没用！”我说。我一心只想着写小说，仿佛那东西能把残疾人救出困境。“再试一回，不试你怎么知道会没用？”她每说一回都虔诚地抱着希望。然而对我的腿，有多少回希望就有多少回失望。最后一回，我的胯上被熏成烫伤。医院的大夫说，这实在太悬了，对于瘫痪病人，这差不多是要命的事。我倒没太害怕，心想死了也好，死了倒痛快。母亲惊惶了几个月，昼夜守着我，一换药就说：“怎么会烫了呢？我还总是在留神呀！”幸亏伤口好起来，不然她非疯了不可。

后来她发现我在写小说。她跟我说："那就好好写吧。"我听出来，她对治好我的腿也终于绝望。"我年轻的时候也喜欢文学，跟你现在差不多大的时候，我也想过搞写作。你小时候的作文不是得过第一吗？那就写着试试看。"她提醒我说。我们俩都尽力把我的腿忘掉。她到处去给我借书，顶着雨或冒着雪推我去看电影，像过去给我找大夫、打听偏方那样，抱了希望。

30 岁时，我的第一篇小说发表了，母亲却已不在人世。过了几年，我的另一篇小说也获了奖，母亲已离开我整整 7 年了。

获奖之后，登门采访的记者就多。大家都好心好意，认为我不容易。但是我只准备了一套话，说来说去就觉得心烦。我摇着车躲了出去。坐在小公园安静的树林里，想：上帝为什么早早地召母亲回去呢？迷迷糊糊的，我听见回答："她心里太苦了。上帝看她受不住了，就召她回去。"我的心得到一点安慰，睁开眼睛，看见风正在树林里吹过。

我摇车离开那儿，在街上瞎逛，不想回家。

母亲去世后，我们搬了家。我很少再到母亲住过的那个小院子去。小院在一个大院的尽里头，我偶尔摇车到大院儿去坐坐，但不愿意去那个小院子，推说手摇车进去不方便。院子里的老太太们还都把我当儿孙看，尤其想到我又没了母亲，但都不说，光扯些闲话，怪我不常去。我坐在院子当中，喝东家的茶，吃西家的瓜。有一年，人们终于又提到母亲：“到小院子去看看吧，你妈种的那棵合欢树今年开花了！”我心里一阵抖，还是推说手摇车进出太不易。大伙就不再说，忙扯到别的，说起我们原来住的房子里现在住了小两口，女的刚生了个儿子，孩子不哭不闹，光是瞪着眼睛看窗户上的树影儿。

我没料到那棵树还活着。那年，母亲到劳动局去给我找工作，回来时在路边挖了一棵刚出土的绿苗，以为是含羞草，种在花盆里，竟是一棵合欢树。母亲从来喜欢那些东西，但当时心思全在别处，第二年合欢树没有发芽，母亲叹息了一回，还不舍得扔掉，依然让它留在瓦盆里。第三年，合欢树不但长出了叶子，而且还比较茂盛。母亲高兴了好多天，以为那是个好兆头，常去侍弄它，不敢太大意。又过了一年，她把合欢树移出盆，栽在窗前的地上，有时念叨，不知道这种树几年才开花。再过一年，我们搬了家，悲痛弄得我们都把那棵小树忘记了。

与其在街上瞎逛，我想，不如去看看那棵树吧。我也想再看看母亲住过的那间房。我老记着，那儿还有个刚来世上的孩子，不哭不闹，瞪着眼睛看树影儿。是那棵合欢树的影子吗？

院子里的老太太们还是那么喜欢我，东屋倒茶，西屋点烟，送到我跟前。大伙都知道我获奖的事，也许知道，但不觉得那很重要；还是都问我的腿，问我是否有了正式工作。这回，想摇车进小院儿真是不能了。家家门前的小厨房都扩大了，过道窄得一个人推自行车进去也要侧身。我问起那棵合欢树，大伙说，年年都开花，长得跟房子一样高了。这么说，我再看不见它了。我要是求人背我去看，倒也不是不行。我挺后悔前两年没有自己摇车进去看看。

我摇车在街上慢慢走，不想急着回家。人有时候只想独自静静地呆一会。悲伤也成享受。

有那么一天，那个孩子长大了。会想起童年的事，会想起那些晃动的树影儿，会想起他自己的妈妈。他会跑去看看那棵树。但他不会知道那棵树是谁种的，是怎么种的。

心路花语

但丁曾说："世界上有一种最美丽的声音，那便是母亲的呼唤。"树还在，母已亡，这是常人无法想象的悲伤。从作者的字里行间，我们能看出史铁生失去母亲的悲痛以及对母亲的无尽思念。他满怀要报答母亲的感情却无从报答，徒留忧伤与怀念。

青少年们是否应该觉得应该心怀感恩？感恩上苍，让父母健康地陪伴在自己的身边；感恩父母，谢谢他们对儿女的无尽付出！

“感动中国”的父亲啊！你是下岗女儿撕心裂肺的痛 / 白金凤

◎ 作者简介

白金凤，2009 年全国 100 位新中国成立以来感动中国人物之一白方礼的女儿。

渺小而伟大，平凡却崇高，一个悲悯的普通人骑行在灵魂之巅。

2005 年国庆前夕，一个名字——白方礼温暖了天津乃至全国。这个瘦弱的老人，18 年如一日奔波在街头，用蹬三轮车积攒的 38 万元血汗钱资助近 300 名贫困学生！岁月最终带走了这个“感动中国”的善良老人，万人空巷送白老。可有谁知道，他下岗多年、贫病相逼的小女儿，从没得到过父亲 1 分钱的接济。这其中有着怎样的大爱与大痛？

当老父蹬车的背影成为爱心标志，谁懂女儿心底的痛？

日头很毒，车轮碾在马路上，软软的，骑车的我感到有些神情恍惚。忽然，一个熟悉的声音传到我的耳朵里：“说好了 4 块钱的，您怎么才给 3 块钱？”我蓦然一震：是父亲？“只有 3 块零钱了，少 1 块就少 1 块嘛，还这么计较？”乘车的年轻人拧了一下头，夹着包就走。“那怎么行！整钱我也找得开呀！”那满身是汗的瘦弱老人的确是我的父亲。“你这老头够烦的呀！1 块钱是你的命？”说罢，小伙子转身消失在人群里了。

隔着冷饮摊，我看见烈日下的老父亲嘴唇颤抖了一下，默默地摇了摇头，把那三张零钞小心地掖进腰包里，骑上三轮车，用力一蹬。他摇了一下车铃，但那铃声哑哑的，就像汗水砸在柏油路上一样沉闷。

“这人真差劲！竟赖老头的钱。大热天的，老头容易吗？”“您还不认识这老头吧？他姓白，上过电视！听说踩三轮车的钱全捐给穷学生了。唉，都一大把年纪了，也不知道他图个啥……”听着女顾客跟摊主大婶的对话，我悄悄地望着渐行渐远的父亲，他吃力的、佝偻的背影把我的心揪得生疼。

这事发生在 1993 年夏天，我执拗的老父亲已经整整 80 岁了。

父亲白方礼1913年5月13日出生在河北沧县大官厅乡白贾村，他没念过书，却十分尊重有知识的人。13岁那年，他离开老家，到天津靠蹬三轮车糊口；后来，他成了工人，退休前是天津市个体劳动者协会的运输工人，曾给一些单位运送油漆等货物，单位考虑到他年岁大了，便分配他去干“人力三轮出租”。

1986年秋天，有一个姑姑去世，我随父亲回老家奔丧。到了村里，父亲看见很多孩子穿着破衣烂衫，甚至上不起学，就痛心地对我说：“我当年就是因为穷才逃难到天津。怎么过了几十年，老家还是这样穷?”

丧事酒席间，村小学的老校长和我们父女同桌。老校长突然很伤感，搛起一片肥肉却久久没有放进口里。他说：“咱们国家确实在进步，有许多人富得流油。可谁看得见咱们这些穷光蛋？那些有钱人每天都在琢磨着‘下顿吃什么不腻’，咱们穷山沟的孩子却盼着‘哪天才能敞开肚皮吃顿肉’！许多人家穷得叮当响，锅都揭不开，哪有钱供孩子读书？都说‘再苦也不能苦了孩子，再穷也不能穷教育’，可说起来容易做起来咋就这么难……”又一杯苦酒下肚，老校长满眼含泪，“农民为什么穷啊？因为没文化；可农民为什么没文化啊？千百年来，还不都是因为一个‘穷’字?”老校长的这番话，让父亲和我为之一震。那一刻，我的心口则蓦然像被谁擂了一拳头似的隐隐作痛，我看见父亲悄悄抹了一把眼泪。

回到天津后，父亲几天几夜睡不着，村里那破旧的校舍和孩子们可怜巴巴的眼睛，在他的脑海里久久萦回。那天黄昏，父亲毅然去银行，递上存折，颤抖着声音说：“全取……”

父亲的这一决定让全家人都捏了一把汗：我们兄妹几个都不富裕，存折里的5 000元是父亲大半生的全部积蓄。我好言相劝：“爸，这可是您的养老钱啊！您攒这点儿钱不容易，可别一时冲动……”父亲平时最疼我，但听了我的话却发火了：“我主意已定，谁也别插杠！”我只好陪着父亲，把他的第一笔助学捐款——5 000元养老钱送回老家。

接过那沓带着父亲体温的钞票，老校长哭了。父亲也哭了，他摸索着从兜里又掏出仅有的300元……

回到天津后，父亲重操旧业，又蹬起了三轮车。74岁的父亲从头做起，当女儿的如何不心疼！

从那以后，父亲总是一大早就出门，直至晚上11时多才回到家，就连冬天也不例外。有一次，他感冒发烧还照样去蹬车，我们做儿女的没少劝阻，但父亲的倔劲上来了谁能拦得住？我们劝得紧了，他就梗着脖子回一句：“出点汗就好了，别大惊小怪！”

那天，感冒的父亲依旧上路，我不放心地远远骑车跟在后面。在等客的间隙，父亲竟然累得趴在三轮车上睡着了。我心疼极了，怕父亲摔下车，终于忍不住赶过去嚷起来：“爸呀！您这岁数，应该是社会帮您啊！国家这么大，穷人多了去了，靠您一个人的力量，您帮得过来吗？”父亲惺忪着眼愣在那里，半晌才出声：“闺女呀，爸爸不懂什么理儿，我就觉得这样做，心里踏实些……”

在受捐学校的宣传下，父亲的事迹被报纸和电视台知道了。天津人渐渐熟悉了“白芳礼”这个名字和他的那辆破旧三轮车。

父亲啊，当年迈而单薄的您努力蹬车的背影成了爱心标志，有谁能够体会女儿心底那份深深的无奈与疼痛啊？

风雪中我噙不住酸楚的泪：您帮别人谁帮您女儿啊？

父亲最快乐的时候，一是夜晚归来，在灯下整理他辛苦挣来的一堆小票子，一张张摊平、叠好，然后用橡皮筋扎起来，包在一块手帕里；二是当手帕里的零碎钱攒够几百元了，他蹬车给某学校送去。

一笔笔款项被捐送到天津市中小学幼儿教师奖

励基金会、中国青少年发展基金会、河北区少年宫……父亲捐款从不要收条，但受捐单位和学校认真做记录。“白爷爷送来的钱都是他一脚一脚蹬车的血汗钱，我们要重视起来，不能让他白辛苦啊!”天津红光中学、南开大学、天津大学等学校都对父亲支教款的使用非常慎重，不仅作了详尽的记录，还多次举办“白芳礼助学基金发放仪式”。每到这时，父亲都会开心得像个孩子：“白爷爷的钱来得的确不容易，可你们只要好好学习，朝好的方向走，就不要为钱发愁，有白爷爷一天在蹬三轮，就有你们娃儿上学念书和吃饭的钱。”

为了多挣点钱、多帮助几个孩子，父亲没日没夜地蹬车、蹬车。父亲在他那辆破旧的三轮车上挂了面小红旗，上面写着：“军烈属半价、孤老户义务”。一见有生意，父亲的笑容一如干瘪的花儿。父亲那是真的开心啊！他佝偻着腰，使劲地蹬车，在车轮“咿呀”的叫声里，他甚至会哼上几句。时间长了，有的客人认得他，知道他的善良与苦心，就多给他一两元。这时候，父亲会感动地念叨：“世上还是好人多呀!”

每年春节，父亲总是更忙碌，因为那几天大部分蹬三轮的人回家过年了，父亲说一天能多拉二三十元的活。哥哥心疼父亲，要替他拉。父亲总是说，那怎么行，我自个的事情自个干……

1991 年，与父亲相濡以沫多年的继母患直肠癌去世了，父亲非常悲痛。父亲对继母的感情在我们看来甚至超过了对我们的生母。但是，在安葬完继母的第二天，父亲又蹬三轮车上路了。我们都没有劝父亲，我更是理解父亲此刻内心的孤单与落寞。那个早上，看着父亲老迈的背影渐行渐远，我潸然泪下……

1994 年，父亲已经 81 岁高龄，在开春的一次给贫困生捐资会上，他把整整一个寒冬挣来的 3 000 元辛苦钱交给学校。父亲开始思忖：现在缺钱上学的孩子这么多，光靠我一个人蹬三轮挣的钱救不了几个娃儿，何况自己老了，这可咋办？他琢磨了一宿。第二天，他决定把自己那两间老屋卖了，再贷点款办个小公司。我们几个子女生活都不富裕，父亲却开导我们：“他们比咱们更穷……”

不久，市长亲自给我父亲在紧靠火车站边划了一块小地盘，全国唯一的“支教公司”——天津白芳礼支教公司宣布成立！此后，父亲凭着卖掉老屋的 1 万元和贷来的钱做启动资金，慢慢地，公司由开始的一个小亭子发展到后来的十几个摊位，连成了一片。父亲雇了几个贫困山区来城务工的人，经营糕点、烟酒什么的，而自己仍旧节衣缩食地蹬三轮车。公司赚得最多的一个月，除去成本、工钱和税，还余 1 万多元，父亲 1 分不留全部用于支教。

从那时候起，父亲就住在车站边的铁皮屋子里。这屋子里所谓的“床”，只不过是两摞砖上面搁了一块木板和一件旧大衣。冬天寒风习习，夏天骄阳似火，父亲就是在这样的环境中度过了一个个酷暑严冬。对父亲的执拗，我们既心疼又无奈。我和哥哥姐姐给的一些半新衣服，父亲总是舍不得穿，不时转赠给熟识的民工，自己则常年穿得可怜兮兮的。邻居和同事们看见，难免有闲话，每每弄得我们很难堪。可我说了无数次，父亲依然不改。

父亲节俭度日几近苛刻，他的一顿饭常常是一个馒头、一碗白开水、一点掺了水的酱油。我们曾苦苦相劝：“爸爸，回家吧！”父亲总是说：“没事，我过得挺好的。”隔三差五地，我总会给父亲做些好吃的送过去，一饭盒肉或者鱼，可父亲常常留到变质了也舍不得吃。每次看父亲回来，我都会难过好几天。

就在父亲的支教公司经营得红红火火的时候，1995 年冬天，我下岗了。不多久，在电视机厂工作的丈夫也失业了。孤苦无助的时刻，我很自然想到了父亲。我是他最疼爱的老闺女呀！可是，当我把自己想到支教公司打工的想法跟父亲提起时，父亲竟决绝地说：“你要自力更生。这个买卖是为公的，你不能掺和。”

听了父亲不近人情的话，我积压了多年的火终于爆发了：“您大公无私，是活菩萨行了吧？您天天帮这个帮那个，您什么时候帮过我呀？我是您的亲闺女呀……”我委屈地边哭边吼。父亲愣了一会儿说：“我早晚都得走的。要是我现在已经不在了，难道你就不活了？一个有手有脚的人，应该靠自己呀！”我听了这话更来气：“我都40多岁了，哪个单位肯要我？您天天帮别人，可谁来帮您女儿呢？连自己的父亲都不肯帮，我还能指望谁？”我狠狠地摔上那扇铁皮门……

祸不单行，不久，我丈夫得了脑栓塞，住院没几天，家里的所有积蓄都花光了。贫病相逼，无奈，我只好硬着头皮再去找父亲。

父亲说：“借钱？我哪有！”

“您怎么说没有呢？上个月您还给天津大学送去好几千呢。爸！您女婿还在病床上啊！连个救命钱您都不帮吗？”我忍住泪，苦苦相求，“我不是问您要，是借。等孩子他爸病好了，我一定想法子还您！”

“不行啊，那不是我的钱！”父亲思忖了一会儿说。

父亲的绝情话听得我心口发颤。我凄切地看了一眼父亲，那一刻竟觉得他是如此的陌生："您还是我父亲吗？我到底是不是您的亲生女儿？"我大喊一声，冲进风雪交加的夜幕里，滚烫而凄楚的泪水奔涌而出……

父亲临终的话让我撕心裂肺："老闺女，我对不起你！"

丈夫出院的前一天，父亲带着几个冻得皱巴巴的苹果，蹬着三轮车到了医院，他没有说话，只低着头待了一会儿就走了。我气得真想把那几个苹果扔出去，但想到父亲已经这么大年纪，我还是忍住了。隔着窗玻璃，我瞥见父亲蹬着三轮车的背影，泪湿眼眶。父亲啊！您到底是怎样一个人？

我赌气，一连几个星期没有去看父亲。但不知怎的，我几乎每天晚上都会梦到他。那天早上，我不由自主地买了一条鱼，炖好装上，去看父亲。

雪化得差不多了，雪水结成的冰在朝阳下慢慢地融化。远远地，我看见父亲的铁皮屋门开着，几个人正围在门口跟父亲说话。走近了，我才知道那是南开大学的三个学生，一男两女，其中一个女生脚上穿着破旧的绿军鞋。我的心不禁一紧。

原来，他们都是边远山区考上大学的苦孩子，就在不久前——就是我向父亲借钱遭拒的第二天，父亲用血汗钱又一次替他们和另一些贫困大学生交了学费。寒假里，他们的爸爸妈妈为了表达心意，特地让孩子给白爷爷捎些土特产。那是怎样的礼物啊：三个小小的塑料包，里面分别装着几颗核桃、两把红枣和几撮辣子面。“白爷爷，也没啥好送您的，就这点心意，您收下吧！”父亲嘴唇哆嗦，说不出一句话来，只是狠狠地点头，再点头。三个孩子在寒风中站成一排，恭恭敬敬地向他们敬爱的白爷爷鞠躬……

孩子们走了，我进屋，把揣着的饭盒拿出来，打开说：“爸，您趁热吃点吧。”父亲一手接过饭盒，另一只手摩挲着那三个小小的塑料包，他抬头看了我一眼，满眼含着泪。那一瞬间，我读懂了执拗的父亲……

1998 年，市政府整治车站、街道环境，父亲拆了他的那些小亭子，解散了工人，变卖了公司所有值钱的东西，将仅剩的 2 万元分别捐给了几所学校。我把父亲接回家住。可没闲几天，父亲又蹬起他的破三轮车上路了。直到 2002 年，身体状况实在不行了，父亲才告别了那辆心爱的破三轮车。

此时，父亲已行动不便，而且大小便失禁。我没日没夜地照顾他。可怜的父亲啊！当我为您擦屎端尿而您竟一脸羞愧的时候，您可知道女儿内心极度的悲伤？当您一次次面对前来探望的领导诚惶诚恐、感激莫名的时候，您是否窥见女儿强忍的泪水？

蹬不动三轮车的父亲也没有闲着，他把各媒体报道他的资料统统找出来，一点点整理成册，拿给来看望他的学生看。有许多我父亲资助过的学生毕业走上社会，也像我父亲一样默默地资助贫困学生。

2004 年 4 月，老弱的父亲住进了医院，到医院看望他的市民络绎不绝，红十字会爱心账号上十几万元的善款，无不让我感受到来自社会的感恩与良知。父亲啊，当您与袁隆平、刘翔、任长霞等一起成为中央电视台“感动中国 2004 年年度人物”候选人的时候，作为您的女儿，我是多么骄傲啊！

2005 年 5 月，父亲再次住进河北区第三医院，被确诊为肺癌晚期。当我们一群儿女悲伤的时候，父亲却很坦然：“人活多大都得死，别花冤枉钱，省着给那些交不上学费的学生吧……”一席大实话，让在场的所有人都潸然泪下。

7 月 6 日，父亲执意出院回家休养。女儿明白，父亲是想和儿女们多待些日子。

8 月 23 日凌晨，父亲出现气短和脉搏微弱现象，同时腿部更加肿胀，输入身体的营养液也难以吸收。我们兄妹几个一步也不敢离开父亲。太阳升起来了，照在父亲安详的脸上。突然，我看见一直昏迷的父亲唇角颤动了几下，像有话要说。我连忙俯下身去，并紧紧抓住父亲枯瘦、冰凉的手。父亲气若游丝地表达，我却仿佛听见一声霹雳：“老闺女……我……我对不起你……”

“爸爸——”我撕心裂肺，感觉整个天空都在疼痛中旋转。

父亲走了，没有看到这个国庆节的礼花，没有看到那漫天秋雨中从四面八方赶来为他送行的市民们滚热的泪，也没有看到天津市民为他敬立的碑像。父亲啊！就让我把网友的悼言转述给您吧，希望您的在天之灵安息——

因爱无私，因爱无畏！爷爷一去，如丧亲人。

教育兴，则国兴！平凡老人懂得不平凡的道理，可敬！

说白芳礼傻的人，源于他们内心的空虚。这种傻，是多么可爱又可敬啊！

渺小而伟大，平凡却崇高，一个悲悯的普通人骑行在灵魂之巅。

……

心路花语

蹬三轮的老人白方礼，在 74 岁以后的生命中，靠着一脚一脚地蹬三轮，将挣下的38万元人民币分别捐给了天津的多所大学、中学和小学，资助了300多名贫困学生。而每一个走近他的人都惊异地发现：他的个人生活几近乞丐，他的私有财产账单上是一个零。

“为什么我的眼里常含泪水？因为我对这土地爱得深沉。”因感动而爱，因爱而感动。一位“贫穷”的老者，一位追求“高度”的奉献者，因有着大海一般的情怀，蓝天一般的胸襟，大山一般的父爱，感动了全中国。

总有一种平凡，让我们泪流满面。

幸福就是……／龙应台

◎ 作者简介

龙应台，1952年2月13日生于台湾高雄县大寮乡眷村。台湾著名文化人及公共知识分子，台湾地区著名作家，作品针砭时事，鞭辟入里。在欧洲、大陆、台湾三个文化圈中，龙应台的文章成为一个罕见的档案，作品《野火集》等具有很大的影响。代表作品有《大江大海一九四九》、《亲爱的安德烈》《百年思索》等。

幸福就是，生活中不必时时恐惧。开店铺的人天亮时打开大门，不会想到是否有政府军或叛军或饥饿的难民来抢劫。走在街上的人不必把背包护在前胸，时时刻刻戒备。睡在屋里的人可以酣睡，不必担心自己一醒来发现屋子已经被拆，家具像破烂一样被丢在街上。到杂货店里买婴儿奶粉的妇人不必想奶粉会不会是假的，婴儿吃了会不会死。买廉价烈酒喝的老头不必担心买到假酒，假酒里的化学品会不会让他瞎眼。小学生一个人走路上学，不必瞻前顾后提防自己被骗子拐走。江上打鱼的人张开大网用力抛进水里，不必想江水里有没有重金属，鱼虾会不会在几年内死绝。到城里闲荡的人，看见穿着制服的人向他走近，不会惊惶失色，以为自己马上要被逮捕。被逮捕的人看见警察局不会晕倒，知道有律师和法律保护着他的基本权利。已经坐在牢里的人不必害怕被社会忘记，被历史消音。到机关去办什么证件的市井小民不必准备受气受辱。在秋夜寒灯下读书的人，听到巷子里突然人声杂沓，拍门呼叫他的名字，不必觉得大难临头，把所有的稿纸当场烧掉。去投票的人不必担心政府作票、总统作假。幸福就是，从政的人不必害怕暗杀，抗议的人不必害怕镇压，富人不必害怕绑票，穷人不必害怕最后一只碗被没收，中产阶级不必害怕流血革命，普罗大众不必害怕领袖说了一句话，明天可能有战争。

幸福就是，寻常的日子依旧。水果摊上仍旧有最普通的香蕉。市场里仍旧有一笼一笼肥胖的活鸡。花店里仍旧摆出水仙和银柳，水仙仍然香得浓郁，银柳仍然含着毛茸茸的苞。俗气无比、大红大绿的金橘和牡丹一盆一盆摆满了骑楼，仍旧大红大绿、俗气无比。银行和邮局仍旧开着，让你寄红包和情书到远方。药行就在街角，金铺也黄澄澄地亮着。电车仍旧叮当响着，火车仍旧按时到站，出租车仍旧在站口排队，红绿灯仍旧红了变绿，消防车仍旧风风火火赶路，垃圾车仍旧挤挤压压驶进最窄的巷子。打开水龙头，仍旧有清水流出来；天黑了，路灯仍旧自动亮起。幸福就是，机场仍旧开放，电视里仍旧有人唱歌，报纸打开，仍旧有字。饭店门口仍旧有外国人进出，幼稚园里仍旧传出孩子的嬉闹。幸福就是，寒流来袭的深夜里，医院门口“急诊室”三个字的灯，仍旧醒目地亮着。

幸福就是，寻常的人儿依旧。在晚餐的灯下，一样的人坐在一样的位子上，讲一样的话题。年少的仍旧叽叽喳喳谈自己的学校，年老的仍旧唠唠叨叨谈自己的假牙。厨房里一样传来煎鱼的香味，客厅里一样响着聒噪的电视新闻。幸福就是，早上挥手说“再见”的人，晚上又回来了，书包丢在同一个角落，臭球鞋塞在同一张椅下。幸福就是，头发白了，背已驼了、用放大镜艰辛读报的人，还能自己走到街角买两副烧饼油条回头叫你起床。幸福就是，平常没空见面的人，一接到你午夜仓皇的电话，什么都不问，人已经出现在你的门口，带来一个手电筒。幸福就是，在一个寻寻常常的下午，和你同在一个城市里的人来电话平淡问道：“我们正要去买菜，要不要帮你带鸡蛋牛奶？你的冰箱空了吗？”

幸福就是，虽然有人正在城市的暗处饥饿，有人正在房间里举起一把尖刀，有人正在办公室里设计一个恶毒的圈套，有人正在荒野中埋下地雷，有人正在强暴自己的女儿，虽然如此，幸福就是，你仍旧能看见，在长途巴士站的长凳上，一个婴儿抱着母亲丰满的乳房用力吸吮，眼睛闭着，睫毛长长地翘起。黑沉沉的海上，满缀着灯火的船缓缓行驶，灯火的倒影随着水光荡漾。15 岁的少年正在长高，脸庞的棱角分明，眼睛晶亮地追问你世界从哪里开始。两个老人坐在水池边依偎着看金鱼，手牵着手。春天的木棉开出第一朵迫不及待的红花，清晨4点小鸟忍不住开始喧闹，一只鹅在薄冰上滑倒，冬天的阳光照在你微微仰起的脸上。

心路花语

到底什么是幸福？这关键在于每个人对人生所持的态度。你认为尽责任是一种幸福，你就有了责任幸福的体验；你认为知足是一种幸福，你就有了知足常乐的幸福体验；你认为平淡简朴是一种幸福，你就有了比别人多得多的幸福体验。

有的幸福来源于别人给予你的，如别人对你的尊敬和信任；有的幸福是你给予自己的，如你对自己的肯定、认同和接纳；有的幸福来源于你给予别人的，如你给予别人的帮助和快乐。这里的“别人”可以是亲人、朋友、同事，也可以是陌生人。

所以幸福本身就是一种体验，体验是一个过程，而过程是用时间界定的，人一生的时光是有限的。

水果 / 方冠晴

◎ 作者简介

方冠晴，湖南省作家协会会员，《读者》百名签约作者之一。

在我生活的这个城市里，发生了这样一桩案子。

一天中午，一个捡破烂的妇女，把捡来的破烂物品送到废品收购站卖掉后，骑着三轮车往回走，经过一条无人的小巷时，从小巷的拐角处，猛地蹿出一个歹徒来。这歹徒手里拿着一把刀，他用刀抵住妇女的胸部，凶狠地命令妇女将身上的钱全部交出来。妇女吓傻了，站在那儿一动不动。

歹徒便开始搜身，他从妇女的衣袋里搜出一个塑料袋，塑料袋里包着一沓钞票。

歹徒拿着那沓钞票，转身就走。这时，那位妇女反应过来，立即扑上前去，劈手夺下了塑料袋。歹徒用刀对着妇女，作势要捅她，威胁她放手。妇女却双手紧紧地攥住盛钱的袋子，死活不松手。

妇女一面死死地护住袋子，一面拼命呼救，呼救声惊动了小巷子里的居民，人们闻声赶来，合力逮住了歹徒。

众人押着歹徒搀着妇女走进了附近的派出所，一位民警接待了他们。审讯时，歹徒对抢劫一事供认不讳。而那位妇女站在那儿直打哆嗦，脸上冷汗直冒。民警便安慰她：“你不必害怕。”妇女回答说：“我好疼，我的手指被他掰断了。”说着抬起右手，人们这才发现，她右手的食指软绵绵地耷拉着。

宁可手指被掰断也不松手放掉钱袋子，可见这袋钱的数目和分量。民警便打开那包着钞票的塑料袋，顿时，在场的人都惊呆了，那袋子里总共只有8块5毛钱，全是1分和1毛的零钞。

为8块5毛钱，一个断了手指，一个沦为罪犯，真是太不值得了。一时，小城哗然。

民警迷惘了：是什么力量在支撑着这位妇女，使她能在折断手指的剧痛中仍不放弃这区区的8块5毛钱呢？他决定探个究竟。所以，将妇女送进医院治疗以后，他就尾随在妇女的身后，以期找到问题的答案。

但令人惊讶的是，妇女走出医院大门不久，就在一个水果摊儿上挑起了水果，而且挑得那么认真。她用8块5毛钱买了一个梨子、一个苹果、一个橘子、一条香蕉、一节甘蔗、一枚草莓，凡是水果摊儿上有的水果，她每样都挑一个，直到将8块5毛钱花得一分不剩。

民警吃惊地张大了嘴巴。难道不惜牺牲一根手指才保住的8块5毛钱，竟是为了买一点水果尝尝？

妇女提了一袋子水果，径直出了城，来到郊外的公墓。民警发现，妇女走到一个僻静处，那里有一座新墓。妇女在新墓前伫立良久，脸上似乎还有了欣慰的笑意。而后她将袋子倚着墓碑，喃喃自语："儿啊，妈妈对不起你。妈没本事，没办法治好你的病，竟让你刚13岁就早早地离开了人世。还记得吗？

你临去的时候，妈问你最大的心愿是什么，你说我从来没吃过完好的水果，平时吃的，都是你捡回来的人家扔掉的烂水果，要是能吃一个好水果该多好呀。妈愧对你呀，竟连你最后的愿望都不能满足，为了给你治病，家里已经连买一个水果的钱都没有了。可是，孩子，到昨天，妈妈终于将为给你治病借下的债都还清了。妈今天又挣了 8 块 5 毛钱，孩子，妈可以买到水果了，你看，有橘子、有梨、有苹果，还有香蕉……都是好的。都是妈花钱给你买的完好的水果，一点都没烂，妈一个一个仔细挑过的，你吃吧，孩子，你尝尝吧……”

心路花语

8 块 5 毛钱对于很多人来说，吃个盒饭都不够，但对于部分人来说，却是好几天的伙食费，是文中的母亲对儿子的一片愧疚之情，是大过天的母爱！

幸福的家庭 / 鲁迅

“……做不做全由自己的便，那作品，像太阳的光一样，从无量的光源中涌出来，不像石火，用铁和石敲出来，这才是真艺术。那作者，也才是真的艺术家。而我……这算是什么?”他想到这里，忽然从床上跳起来了。他早已想过，须得捞几文稿费维持生活了，投稿的地方，先定为《幸福月报》社，因为润笔似乎比较的丰。但作品就须有范围，否则，恐怕要不收的。范围就……现在的青年的脑里的大问题是?大概很不少，或者有许多是恋爱、婚姻、家庭之类罢……是的，他们确有许多人烦闷着，正在讨论这些事。那么，就来做家庭。然而怎么做呢……否则，恐怕要不收的，何必说些背时的话，然而……他跳下卧床之后，四五步就走到书桌面前，坐下去，抽出一张绿格纸，毫不迟疑，但又自暴自弃似的写下一行题目道:《幸福的家庭》。

他的笔立刻停止了。他仰了头，两眼瞪着房顶，正在安排那安置这“幸福的家庭”的地方。他想:“北京?不行，死气沉沉，连空气也是死的。假如在这家庭的周围筑一道高墙，难道空气也就隔断了么?简直不行!江苏浙江天天防要开仗;福建更无须说。四川，广东?都正在打。山东河南之类?阿阿，要绑票的，倘使绑去一个，那就成为不幸的家庭了。上海天津的租界上房租贵……假如在外国，笑话。云南贵州不知道怎样，但交通也太不便……”他想来想去，想不出好地方，便要假定为A了，但又想:“现有不少的人是反对用西洋字母来代人地名的，说是要减少读者的兴味。我这回的投稿，似乎也不如不用，安全些。那么，在那里好呢？湖南也打仗；大连仍然房租贵；察哈尔，吉林，黑龙江罢——听说有马贼，也不行……”他又想来想去，又想不出好地方，于是终于决定，假定这“幸福的家庭”所在的地方叫做A。

“总之，这幸福的家庭一定须在A，无可磋商。家庭中自然是两夫妇，就是主人和主妇，自由结婚的。他们订有四十多条条约，非常详细，所以非常平等，十分自由。而且受过高等教育，优美高尚……东洋留学生已经不通行，那么，假定为西洋留学生罢。主人始终穿洋服，硬领始终雪白；主妇是前头的头发始终烫得蓬蓬松松像一个麻雀窠，牙齿是始终雪白的露着，但衣服却是中国装……”

“不行不行，那不行！二十五斤！”

他听得窗外一个男人的声音，不由得回过头去看，窗幔垂着，日光照着，明得炫目，他的眼睛昏花了；接着是小木片撒在地上的声响。“不相干，”他又回过头来想，“什么‘二十五斤’？他们是优美高尚，很爱文艺的。但因为都从小生长在幸福里，所以不爱俄国的小说……俄国小说多描写下等人，实在和这样的家庭也不合。‘二十五斤’？不管他。那么，他们看看什么书呢？裴伦的诗？吉支的？不行，都不稳当。哦，有了，他们都爱看《理想之良人》。我虽然没有见过这部书，但既然连大学教授也那么称赞他，想来他们也一定都爱看，你也看，我也看，他们一人一本，这家庭里一共有两本……”他觉得胃里有点空虚了，放下笔，用两只手支着头，教自己的头像地球仪似的在两个柱子间挂着。

“……他们两人正在用午餐，”他想，“桌上铺了雪白的布，厨子送上菜来——中国菜。什么‘二十五斤’？不管他。为什么倒是中国菜？西洋人说，中国菜最进步，最好吃，最合于卫生，所以他们采用中国菜。送来的是第一碗，但这第一碗是什么呢？”

“劈柴……”

他吃惊地回过头去看，靠左肩，便立着他自己家里的主妇，两只阴凄凄的眼睛恰恰盯住他的脸。

“什么？”他以为她来搅扰了他的创作，颇有些愤怒了。

“劈柴，都用完了，今天买了些。前一回还是十斤两吊四，今天就要两吊六。我想给他两吊五，好不好？”

“好好，就是两吊五。”

“称得太吃亏了。他一定只肯算二十四斤半，我想就算他二十三斤半，好不好？”

“好好，就算他二十三斤半。”

“那么，五五二十五，三五一十五……”

“唔唔，五五二十五，三五一十五……”他也说不下去了，停了一会，忽而奋然地抓起笔来，就在写着一行“幸福的家庭”的绿格纸上起算草，起了好久，这才仰起头来说道：“五吊八!”

“那是，我这里不够了，还差八九个……”

他抽开书桌的抽屉，一把抓起所有的铜元，不下二三十，放在她摊开的手掌上，看她出了房，才又回过头来走向书桌。他觉得头里面很胀满，似乎桠桠叉叉的全被木柴填满了，五五二十五，脑皮质上还印着许多散乱的阿拉伯数字。他很深地吸一口气，又用力地呼出，仿佛要借此赶出脑里的劈柴、五五二十五和阿拉伯数字来。果然，吁气之后，心地也就轻松不少了，于是仍复恍恍惚惚地想——

“什么菜？菜倒不妨奇特点。滑溜里脊，虾子海参，实在太凡庸。我偏要说他们吃的是‘龙虎斗’。但‘龙虎斗’又是什么呢？有人说是蛇和猫，是广东的贵重菜，非大宴会不吃的。但我在江苏饭馆的菜单上就见过这名目，江苏人似乎不吃蛇和猫，恐怕就如谁所说，是蛙和鳝鱼了。现在假定这主人和主妇为哪里人呢？不管他。总而言之，无论哪里人吃一碗蛇和猫或者蛙和鳝鱼，于幸福的家庭是绝不会有损伤的。总之这第一碗一定是‘龙虎斗’，无可磋商。”

“于是一碗‘龙虎斗’摆在桌子中央了，他们两人同时捏起筷子，指着碗沿，笑眯眯地你看我，我看你……”

“My dear，please.”

“Please you eat first，my dear.”

“Oh no，please you!”

“于是他们同时伸下筷子去，同时夹出一块蛇肉来，不不，蛇肉究竟太奇怪，还不如说是鳝鱼罢。那么，这碗‘龙虎斗’是蛙和鳝鱼所做的了。他们同时夹出一块鳝鱼来，一样大小，五五二十五，三五……不管他，同时放进嘴里去……”他不能自制地只想回过头去看，因为他觉得背后很热闹，有人来来往往地走了两三回。但他还熬着，乱糟糟地接着想，“这似乎有点肉麻，哪有这样的家庭？唉唉，我的思路怎么会这样乱，这好题目怕是做不完篇的了。或者不必定用留学生，就在国内受了高等教育的也可以。他们都是大学毕业的，高尚优美，高尚……男的是文学家，女的也是文学家，或者文学崇拜家；或者女的是诗人，男的是诗人崇拜者，女性尊重者；或者……”他终于忍耐不住，回过头去了。

就在他背后的书架的旁边，已经出现了一座白菜堆，下层三株，中层两株，顶上一株，向他叠成一个很大的 A 字。

“唉唉！”他吃惊地叹息，同时觉得脸上骤然发热了，脊梁上还有许多针轻轻地刺着。“吁……”他很长地嘘一口气，先斥退了脊梁上的针，仍然想，“幸福的家庭的房子要宽绰。有一间堆积房，白菜之类都到那边去。主人的书房另一间，靠壁满排着书架，那旁边自然绝没有什么白菜堆，架上满是中国书、外国书，《理想之良人》自然也在内，一共有两部。卧室又一间，黄铜床，或者质朴点，第一监狱工场做的榆木床也就够，床底下很干净……”他当即一瞥自己的床下，劈柴已经用完了，只有一条稻草绳，却还死蛇似的懒懒地躺着。

“二十三斤半……”他觉得劈柴就要向床下“川流不息”地进来，头里面又有些桠桠叉叉了，便急忙起立，走向门口去想关门。但两手刚触着门，却又觉得未免太暴躁了，就歇了手，只放下那积着许多灰尘的门幕。他一面想，这既无闭关自守之操切，也没有开放门户之不安：是很合于“中庸之道”的。

“……所以主人的书房门永远是关起来的。”他走回来，坐下，想，“有事要商量先敲门，得了许可才能进来，这办法实在对。现在假如主人坐在自己的书房里，主妇来谈文艺了，也就先敲门。这可以放心，她必不至于捧着白菜的。”

"Come in, please, my dear."

"然而主人没有工夫谈文艺的时候怎么办呢？那么，不理她，听她站在外面老是剥剥地敲？这大约不行罢。或者《理想之良人》里面都写着，那恐怕确是一部好小说，我如果有了稿费，也得去买他一部来看看……"

啪！

他腰骨笔直了，因为根据经验，知道这一声"啪"是主妇的手掌打在他们三岁的女儿的头上的声音。

"幸福的家庭……"他听到孩子的呜咽了，但还是腰骨笔直地想，"孩子是生得迟的，生得迟。或者不如没有，两个人干干净净。或者不如住在客店里，什么都包给他们，一个人干干……"他听得呜咽声高了起来，也就站了起来，钻过门幕，想着，"马克思在儿女的啼哭声中还会作《资本论》，所以他是伟人……"走出外间，开了风门，闻得一阵煤油气。孩子就躺倒在门的右边，脸向着地，一见他，便"哇"地哭出来了。

"啊啊，好好，莫哭莫哭，我的好孩子。"他弯下腰去抱她。

他抱了她回转身，看见门左边还站着主妇，也是腰骨笔直，然而两手叉腰，怒气冲冲地似乎预备开始练体操。

“连你也来欺侮我！不会帮忙，只会捣乱，连油灯也要翻了它，晚上点什么?”

“啊啊，好好，莫哭莫哭，”他把那些发抖的声音放在脑后，抱她进房，摸着她的头，说：“我的好孩子。”于是放下她，拖开椅子，坐下去，使她站在两膝的中间，擎起手来道：“莫哭了啊，好孩子。爹爹做‘猫洗脸’给你看。”他同时伸长颈子，伸出舌头，远远地对着手掌舔了两舔，就用这手掌向了自己的脸上画圆圈。

“呵呵呵，花儿。”她就笑起来了。

“是的是的，花儿。”他又连画上几个圆圈，这才歇了手，只见她还是笑眯眯地挂着眼泪对他看。他忽而觉得，她那可爱的天真的脸，正像五年前的她的母亲，通红的嘴唇尤其像，不过缩小了轮廓。那时也是晴朗的冬天，她听得他说决计反抗一切阻碍，为她牺牲的时候，也就这样笑眯眯地挂着眼泪对他看。他惘然地坐着，仿佛有些醉了。

“啊啊，可爱的嘴唇……”他想。

门幕忽然挂起。劈柴运进来了。

他也忽然惊醒，一定睛，只见孩子还是挂着眼泪，而且张开了通红的嘴唇对他看。“嘴唇……”他向旁边一瞥，劈柴正在进来，“……恐怕将来也就是五五二十五，九九八十一……而且两只眼睛阴凄凄的……”他想着，随即粗暴地抓起那写着一行题目和一堆算草的绿格纸来，揉了几揉，又展开来给她拭去了眼泪和鼻涕。“好孩子，自己玩去吧。”他一面推开她，一面将纸团用力地掷在纸篓里。

但他又立刻觉得对于孩子有些抱歉了，重复回头，目送着她独自茕茕地出去；耳朵里听得木片声。他想要定一定神，便又回转头，闭了眼睛，息了杂念，平心静气地坐着。他看见眼前浮出一朵扁圆的乌花，橙黄心，从左眼的左角飘到右，消失了；接着一朵明绿花，墨绿色的心；接着一座六株的白菜堆，屹然地向他叠成一个很大的 A 字。

心路花语

在当时那个恐怖的年代，尽管中国有广阔的疆域，很多省份。然而到处兵荒马、乱民不聊生，连最基本的安全都保证不了，谈什么幸福？一个家，一个普普通通的家，一个所谓幸福的家，是找不到一个可以安放的地方的。

如果非要写“幸福”，也应该是那种敢于斗争轰轰烈烈为了正义不惜一切的精神上的幸福，一种精神上的付出的幸福，而不是臆想的这种丰衣足食平静安宁的幸福，一种肉体上的得到的幸福。

每个人都想拥有幸福的家庭。但拥有它要具备一定的条件，一旦这个条件不具备，幸福是无从谈起的。

父爱天空下，我是最幸福的那片云 / 舒婷

◎ 作者简介

舒婷，中国当代女诗人，原名龚佩瑜，祖籍福建泉州。她是朦胧诗派的代表作家之一，其《致橡树》是朦胧诗潮的代表作之一。出生于福建龙海市石码镇，1969 年下乡插队，1972 年返城当工人，1979 年开始发表诗歌作品，1980 年至福建省文联工作，从事专业写作。主要著作有诗集《双桅船》、《会唱歌的鸢尾花》、《始祖鸟》，散文集《心烟》等。

我出生那天并无祥云瑞雾，女未大就已不中留，与受冷落的母亲被接到外公家将息，父亲终于畅所欲言，抱我在故宫路的深宅大院示威游行，口中念念有语："女神，我的女神！"

老哥是香火，小妹是尾仔，唯我掐头去尾，居中的孩子讨人嫌。父亲却最宠我。

带我上街，大马路不走，非在沟沿蹦蹦跳跳；进植物园，大门不入，非要爬墙翻栏杆；别人的女

儿乖乖地在树下捡落果，我却骑着一颤一颤的枝丫攀龙眼。去海边玩沙子，略一分神，我便溜走，在礁石上滑一跤，小臂被锋利的牡蛎壳划开半尺长的血口子，父亲用他的大手帕扎紧，吓出一头汗水。

那一年父亲作为右派补遗，胸戴大红花，空着双手，在爆竹声中被匆匆塞上大卡车，说是劳动改造八个月，一去就是八年。

八年的时间，父亲从西装笔挺的银行家谪贬为忍气吞声的囚徒，赤膊在三明露天煤矿挖煤，熬过铁丝网、岗哨、臭虫、“大跃进”和三年自然灾害，挣扎生存下来。而我从一个惹祸不断的小淘气包长成桀骜不驯的少年。

考中学之前，我在家附近的巷口，遇见一个皮肤黧黑、皱纹像刀刻的男人，他把一手帕的鸡蛋使劲往我怀里塞，说：“功课紧张，补补身体。”我推开他，逃回家，气急败坏地禀告外婆。外婆叹气道：“那是你爸爸，可怜你都不记得他了。”

印象中的父亲总是头发三七分，梳得油光水滑，雪白西装，白皮鞋，风度翩翩的呀。怎么会这样？衣服旧也罢，头发枯槁也罢，偏偏内八字脚，还穿一双搽了白粉的力士鞋，白得刺眼而俗气，仿佛对往日好时光的谄媚和贿赂。

外婆家的洋楼处于厦门九条巷的八卦中心，我变换路线神出鬼没躲避我的亲生父亲，劳心劳力，竟然还能考上厦门一中。我永远不会忘记哥哥一手牵我一手拉妹妹，走向凤凰树夹阴的中山公园，远远先看见那双簌簌掉粉的白力士鞋，路标一样显眼，父亲在公园门口望眼欲穿。我们已经知道了这是父亲唯一允许自己的奢侈，平时干苦力，他奄拉着一双破军鞋。

父亲被改造掉的不仅有白西装、发蜡，还有家庭和公职。他期满回家之前，母亲经不起领导和社会压力，已和父亲协议离婚。带哥哥一起住在鼓浪屿祖母家的父亲，幸运地碰上个颇通情达理的居委会，不仅很快介绍了一份重体力劳动给他，一年后满街都是戴高帽的牛鬼蛇神，有政治污点的父亲每天如履薄冰，却侥幸逃过此劫。

渴望合家破镜重圆，忍受心中痛苦的父亲，拉起载货板车。从火车站到渡口约5公里，拉一趟挣八毛钱，每天两趟，四个来回，可以得一块六，不算少。上午和下午点心都是豆浆四分加馒头三分，渡轮一毛钱，午餐半斤米饭两毛菜，这已去掉五毛二，还要扣去刮风下雨的损失。最重要的是不能生病。点心和午饭都是最低限度的体力补充，须知他每天拉数百斤重物，步行20公里，又有多年胃病史。现在父亲的算盘拨来拨去虽然只有两位数，要在小数点后面节省零头，仍须发挥聪明才智哩。偶尔空车返回时，有人搬家求载个家具什么的，就有非法的额外收入。三五毛钱罢，虽然最多只有两块钱，已是天上掉下肉包子，父亲便大大破费买半斤红糖饼干，泡一杯茶末，怡然自得地给自己压惊。

一分钱磨盘大的父亲，在火车站看到一位中年教师，拎件半新的绒衣向路人求抵押九块钱，说丢了火车票，急于回老家探母病。父亲掏出十块钱，用清秀的隶书写下自己的姓名地址，说："钱借你，方便时还我，这也是血汗钱。穿上衣服吧，天冷。"那人不久即把钱邮来，同时还有一包裹，是上品红菰和笋干。

我身上那么一点江湖义气，可以说是父亲的遗传。

父亲经常载货的木材公司看中父亲一手好算盘，请他当仓管员，正式评了个二级工。重操财政旧业的父亲虽不必再马拉松竞走，但要清点原木和各种型号的模板，劳动仍然繁重。他说服我们姐妹俩暑假里到他工作的露天堆场去帮忙，拾捡遍地的碎木块。不一会儿，我们的手指扎了刺，头发上脸蛋上沾满汗水和锯木屑，我因为捉一只绿色大蚂蚱，袖子扯裂了，飘飘扬扬，翅膀一样。父亲脸上一直喜气洋洋。他犒赏我们六分钱一碗花生浆和八分钱的大肉包。父亲那样骄傲地介绍我们给他工友，兴致勃勃带我们参观肮脏不堪的综合办公室，在他的糙木写字台上有我们的全家福。父亲看我们狼吞虎咽时不觉咂着嘴，是那样的满足。

我似乎没有从父亲的精心策划中得到什么社会实践教育，但很可能从这一天起，我们完全认同了父亲。

上山下乡运动的铁扫帚把我们兄妹全赶到上杭山区。轮到父亲源源不断地寄包裹。有次父亲寄了个 15 公斤重的木条箱，几个男孩拿扁挑翻山去公社扛回来。我照例把包裹往厨房大柜一扔，轮到谁烧饭，谁就伸手掏去。几天后接父亲信，说包裹里不但有三个梨还有月饼，方晓得不知不觉已过了中秋。赶快把包裹倒出来，梨流着黑水，月饼尚有希望，活学活用父亲当年烤蛋糕的经验，六个同伴围在大锅边煎月饼。月饼和鼻子都有点酸，每个人很仔细地把饼屑送进嘴里。

插队期间我开始写诗。写过一首《我想有个家》，只记得其中几句：

哥哥吹笛子/爸爸爱喝茶/葡萄棚下妈妈养鸡鸭。

多年以后父亲还念叨，说这是我最好的诗，可惜丢了，没有发表。

我进了工厂当炉前工，高温，重体力，三班倒，十分辛苦。一边失眠发烧一边夜夜读书写作，人瘦得只有42公斤。我临街的八角房开始有文学青年来往，高谈阔论弄得路人皆知。父亲和我开诚布公，要我烧掉诗稿，说我写那样的诗非常危险。我年轻气盛，拧着脖子，“你就当没有我这女儿好了。不是还有哥哥妹妹吗?”父亲亲身体会过反右、四清、“文革”历次运动，深知文字狱的厉害。他叹息着走开去，“你以为出了事，我和你哥哥妹妹还能安然无恙吗?”

劝阻无望，父亲只好接受，而且全力支持。为了加强营养，不惜把他和我的伙食分出来另过（妹妹工作在福州）。菜炒好了，父亲在我窗外逡巡，等我放下笔再叫吃饭。我唯一的家务是洗自己的衣服，连被子都是父亲戴上老花眼镜缝的。可以说当闺女时，我好像连厨房都很少进去。

嫁人时我已是专业作家，公公婆婆丈夫儿子，现代都市里可算大家庭了。买菜做饭带孩子，还有自虐式又洗又涮的洁癖，每天蓬头垢脸心浮气躁，何来诗情画意?常有来友夸我而今做得一手好菜，有乃父之风。父亲心里难过，背地说我丈夫：“我养一个诗人女儿，你家得一管家媳妇。从前为了让她专心工作，连茶都要我替她沏好的。”

右派平反，父亲即办了退休手续，虽然未补发20

年工资，但他原先的工资级别就很高，随着厦门经济发展，他的退休金水涨船高，日子一天天滋润起来。

“可惜你母亲不能起死回生！”父亲遗憾着。

我也曾试着劝父亲寻个老伴，他都摇头。我们未成家时，他怕委屈我们；儿女们分巢而居，他又担心家里有了不相干的人，我们有陌生感不愿回娘家。

热爱生活（现在流行说法是重视生活质量）的父亲一旦手头宽绰，首先发扬光大的是他的美食天性。祖传的春卷、韭菜合、红焖猪蹄、蟹粥鱼糜凤尾虾，一一真材实料精工细作起来；又“克隆”人家酒宴名肴，朋友饭桌偷艺，篡改旅行中见习的南北风味；甚至手持一部古龙的武侠小说，依样画葫芦仿真一品“翡翠鸡”。每个周末召集儿孙们回去品尝，在我们中间掀起烹饪比学赶帮超。

他以武侠小说为指南，独自访遍名山胜水。身上背的照相机不断更新换代，拍扬眉吐气的自己，拍躲着镜头的孩子们，还主动拍亲戚朋友们，花钱冲洗后挨家挨户去分发。

父亲很以诗书传家为骄傲，几件书画精品，父亲临终交给我，说唯此留我纪念。现挂在我的客厅，朝夕相伴。父亲劝我焚稿时，他自己其实手痒，写了不少格律诗。晚年他自号箴斋老人，辑诗成册，题《箴斋诗笺》，为访客问友必备礼品之一。有段时间他忙于参加“中华诗词学会”，在海内外发表诗词，入选这里那里的选本。父亲自有一帮文朋诗友。我有时回娘家，见三四青年，团团围坐，听父亲引经据典传授诗词格律。

有次文章写一半，挂电话问父亲，“及笄之年”是几岁，父亲回答了。电话放下 10 分钟，父亲抱着大《辞海》来我家，再跟我说“弱冠”，说“而立”，顺便摇头说我“家学不足”。

我很是惭愧，父亲。

心路花语

父爱，像春日里的甘露，总能在悲怆的岁月里鲜活子女怀旧时那风干的记忆；父爱，像一片夏日里的绿荫，总能在炎炎烈日中撑起子女迷茫时的蓝天；父爱，像一缕秋日里的阳光，总能在萧瑟的风雨中温暖子女失落时的心田；父爱，像一场冬日里的白雪，总能在污浊的旅途中涤尽子女跋涉时的征尘。父爱的深沉持重，让所有子女体会到：在父爱天空下，我是最幸福的那片云！

第四辑
爱情的果实醉人地甜

爱情是人类最美好的体验，从《诗经》中的“关关雎鸠”到今天的《死了都要爱》，爱情是人类亘古不变的话题。现实生活中的所有人都在渴望或追求自己心目中的完美的爱情。爱情，是个永恒的话题。只要有人的地方，就会有爱情。不同的男人与女人，共同奏响着一曲曲不同的乐章，如天籁般美妙。

十年的等待 / 佚名

中午时分，只见一个年约 30 岁，穿着笔挺西服的男人，心事重重地走进了这家飘散着浓浓咖啡香的小小咖啡厅。

“欢迎光临!”年轻的老板娘亲切地招呼着。男人一面客气地微微点点头，一面走到吧台前的位子坐了下来，开口对老板娘说:“麻烦给我一杯摩卡，谢谢。”

“好的，请稍候。”老板娘微笑着说。接着便开始熟练地磨碎咖啡豆，煮起咖啡来。男人一直带着笑容看着老板娘煮咖啡的动作，似乎对这样的景象感到相当欢喜。

过了没多久，老板娘便将一杯香醇的咖啡端到男人的面前。“请慢用!”“谢谢。”男人将杯子拿到嘴边，浅浅地尝了一口。“觉得我们这家店怎么样?”“很不错！气氛很好。”“我自己也是很喜欢，所以虽然生意不好，我和我先生却还是舍不得把它关掉。”“嗯……”男人好似有所同感地点了点头，又喝了一口咖啡。

两人沉默了一会儿，空荡荡的店里只剩下悠扬的爵士音乐。这时男人忽然开了口，打破了这短暂的宁静。“可以请教你一个问题吗？”“什么问题？”老板娘好奇地问。“这该怎么说好呢？”男人抓着头，一副不知所措的样子。“你可以先听我说个故事吗？”

老板娘点点头，示意男人继续说下去。

“我以前有个很要好的女朋友，已经到了要论及婚嫁的地步。我和她之间的感情发展得相当平凡，并不是什么经过大风大浪、轰轰烈烈般的爱情。但我从第一眼看到她的时候，就知道她是我一直期待着的女孩。更令我高兴的是她也回应了我的示爱，接受了我。这一切顺利得让我整个人陶醉于幸福和喜悦之中，只不过……”“只不过发生了什么事吗？”老板娘打断了男人的话。男人脸色沉了下来，略微停顿了一下后，开口说下去：“只不过我忘了幸福的背后，往往藏匿着最可怕的恶魔。就在我们订婚前一个月的一个晚上，她……她却遭到歹徒的强暴……”“啊！”老板娘惊讶地叫出了声。

“都怪我！要是我那天坚持送她回去就好了！”男人用力地打着桌面，杯子中的咖啡因剧烈的震动而溢了出来，他的脸上充满了痛苦和自责。“你要问我的该不会就是这个吧？”老板娘一面擦拭着溢出来的咖啡一面说。

“不！不是的！我对她的感情不会因为这样而有

所动摇，我决定仍旧如期订婚，可惜就在我们订婚的那一天，她上吊自杀了。”男人说话的语调十分平静，但从他的表情上看得出，当时的他是多么的难过与震惊。“自杀！那她有没有怎么样？”老板娘睁大了眼睛，紧张地看着男人。“幸运的是我们发现得早，送到医院时还有救，但脑部因严重缺氧而呈现昏迷状态，甚至一度有成为植物人的危险。”

“那她后来醒过来了吗？”“有的，她醒了！但当我得知她醒了的消息，高兴地要去看她时，却被她父母给拦在门外。”

“为什么？她父母为什么不让你去看她？”“当她父母跪在地上求我的时候，我才知道原来她失去了记忆，失去了认识我以后的记忆，医生说这是选择性失忆症，当人在遭遇极大的打击时，会逃避性地藏起一些记忆。她父母求我暂时不要再出现在她面前，他们认为让她就这样忘了之前的一切对她比较好，怕我要是去见她或许会让她回想起来过去发生的事情，到时她可能又会陷入昏迷，甚至又跑去自杀。如果我是真的爱她，现在就不要去见她。为了她，也为了我们的以后，他们要我忍耐一下。”

“她父母这么说也是有道理，反正只是暂时嘛！等她情绪和身体都稳定了，你就又可以见她啦！”老板娘听了男人的话后这样说。

男人对着老板娘微微笑了笑说："你知道他们的暂时指的是多久吗？是10年啊！也就是这10年里我得要忍受这种没有她的日子，就算偶尔在路上碰面，也得要装作陌生人和她擦肩而过。你知道这样的日子有多难熬，这样想爱却又不能爱的心情有多痛苦！"男人用近乎咆哮的声音吼着。"虽然这样很痛苦，但你还是选择了这条路吧？"老板娘用怜悯的眼神看着男人。

老板娘的眼神让男人冷静了下来，点头说："嗯！而且到今天就满10年了！"

"哦！真的吗？那真是恭喜了，你努力撑了10年，到今天终于可以去见她了！"老板娘开心地说。"是这样没错！但是愈到这一天，我反倒愈害怕。10年了，我的心意是没有改变，但是她呢？如果我跟她说了以前的事，她还是想不起我那怎么办？或者是她已经有男朋友，甚至结婚了呢？这就是我想请教你的问题！"男人似乎略带紧张地看着眼前年轻的女店主，静静地等待着她的答复。

"嗯……"老板娘用手托着头，脸色凝重地想着男人所提的问题。"我想既然你这么爱那个女孩，她记不记得你其实并不重要，最多是重新开始而已，再重新追求她一次，再重新谈一次恋爱，其实也很不错吧！而且就算有男朋友了也没关系啊！把她从他手中抢过来不就行了吗!”老板娘笑着说。“但是!”她忽然将表情严肃了起来,“但是如果她已经结婚了的话,那你就放弃吧!我们结了婚的人啊,是最痛恨有人破坏人家家庭的了!”“是吗?”男人低着头冷漠地说。“没错!所以你可千万别做个破坏女人家庭的人哦!”

丁零!挂在门上的铃铛又响了起来,走进来几个刚下课的大学生,老板娘走出吧台,忙着招呼这几位新来的客人。“对了!”老板娘好像忽然想到了什么,转过头来看着男人。“你为什么会问我这些啊!我和你不过是第一次见面而已啊!”她好奇地问。“大概是因为那个女孩曾说过,结婚以后要和我一起开一家像这样的咖啡厅吧!”

“哦!原来是这样子啊!”老板娘说。“嗯!只是这样而已!只是……”男人不停地重复着同样一句话,就好像在借此告诉自己什么似的。

爵士乐停了下来,整个屋子里只剩下大学生谈笑的声音。男人低着头偷偷地瞄着老板娘手上的结婚戒指,一滴温暖的眼泪悄悄地滑进了那杯早已冷却的咖啡里。

心路花语

情深至此,令人唏嘘喟叹。大抵每个人的心中总有即时的灿烂、长久的追忆。心中那一丝撩人的情思，如桃花般艳丽，停留在岁月的背景里，这就是我们抚之怆然的爱情。

爱情二题 / 袁琼琼

◎ 作者简介

袁琼琼，1950 年生于台湾新竹，祖籍四川眉山。曾多次获台湾《联合报》小说奖、散文奖及《时报》文学奖等。作品主题大多围绕都市男女情爱，著有《春水船》、《自己的天空》、《恐怖时代》以及长篇小说《伶生缘》等。长期参与电视及电影剧本写作，如《大城小调》、《红男绿女》、《家和万事兴》等。

之一：爱

爱是困难的事，因为爱是付出，不如收受来得方便。爱也是简单的事，因为爱是关心。凡有感情血肉的，不可能不对一些事付出关心。就算偏执至极的人，扬言他恨一切事与人，可是他让自己活着，吃、睡、生活……他还是在爱，爱他自己。

所以，有关爱的学问，也不过是如何去付出自己的关心罢了。

付出的对象不同，因此有不同的爱。一般的分类，付出的对象大，叫做大爱或博爱，比如爱国家、爱全人类；付出的对象小，叫小爱，像爱家、爱父母、爱子女、爱情人、爱朋友。关爱自己，虽然对他个人来说，一样是非同小可的，怕比爱国家、爱全人类都伟大，可是旁人多半不大承认，所以只叫自私，还沾不上爱的边。

一切大大小小、伟大与不伟大的爱里头，唯有男女之爱有专有名词，叫做“爱情”。凡有“爱情”两字的事件，必定讲的是男与女，当然不限定非是一男一女。现在偶尔也有男与男，或女与女之间的“爱情”事件，因为是新加盟“爱情”此一名词，还要再观望几年，现下不予置论。

男女之爱所以单单被突出成为爱的代表，恐怕跟这一点有关，就是男女之爱的“接触面”比较广。爱国的人多半要把国家拟人化为“祖国，我的娘亲”或“法兰西，我永恒的恋人”……字面看上去虽也有形有体，要亲吻要拥抱却不大容易。至于“要拥抱全人类”的狂热分子，多半数学不大好，说这种大话的时候忘了计算，这工程说不定花十辈子都做不完。

人与人相处，无论父母子女间、兄弟姐妹间、朋友同事间，再亲再密，都有个界限决不容越过。唯有男女之爱不同。在一般人承认的伟大爱情里，所有的恋人都可以在肉体心灵上密切结合，并且结合以后，以他们的爱为武器，对抗全世界。“全世界”在此自然也得算做抽象名词，因为没有十分精确的重量与体积，所以爱人们在这一点上都很勇敢，只要爱了，马上决定“用我们的爱来抵抗整个世界”。

因为人类是这么单纯的只有男女两性：男人遇见的总是女人，女人遇见的也多半是男人。很少人会一出门就遇见国家，遇见政府，遇见社会什么的，虽然出门总会碰到人，许多人，然而无论如何也还够不上“全人类”。所以人在付出爱时，常常就地取材，男人爱女人，女人爱男人。

熟悉的就是这一类的爱，所以，凡要形容比较抽象、复杂、不可思议的爱的关系时，通常也拿男女之爱做比方。脚踏两只船的文人爱说：“文学是我的妻子，戏剧是我的情妇。”而人们也就像羡慕那些有办法的人一样，钦佩他的齐人之福。

人类爱中只有一样爱是特殊而奇异的，即是对神祇的爱。这种爱发展到极致时，便成为单纯的敬畏，且是热衷于付出，疏淡于收回。求神拜佛的人掷了大把香火钱进去，并没要求老天记个账，以备日后讨回。当然搁在心里想的要求不少，然而得不到也觉得是应当，得到了就觉得是恩赐，立时再加倍付出去。这是非常不平等的爱，然而人们乐此不疲，看看行天宫的进香人海便知。亏得有此不计较的爱情存在，才使人能把爱情视为文学，而不是加加减减的数学。

之二：所谓男人

所谓男人，是婚前叫“跟班”，婚后叫“老爷”的家伙。

所谓男人，是婚前看你，婚后看报纸的那人，当然啦，报纸天天换哪！

所谓男人，是婚前在床底下找袜子，婚后向太太要袜子的人，要的方法是：“你又把我袜子弄到哪里去了?”

婚前他时常“小心求证”：“这东西你还喜欢吗?”婚后他时常“大胆假设”说：“这东西你绝对喜欢，太好了。”那“太好了”的东西包括洋酒一瓶，洋烟一条，还有你过生日时送你的书：《如何做一个女人》。你不能为了洋酒开始学喝酒，也不能为了洋烟学抽烟，至于“如何做一个女人”，你已经做了半辈子了。

男人婚前的错误都是很可爱的。

约会时他早来了十分钟，你又迟到了半个小时。他说："没关系，我才等了五分钟。"

男人婚后的错误是不可原谅的。

他跟人说："女儿嘛！让我算算看……嗯，"他扳了指头，又皱了眉头，终于得出结果，"我女儿今年八岁啦！"

大家都知道你和他才结婚七年。

男人婚前的好处很多：看电影帮着买票，买东西抢着付钱，坐车为你开门，上馆子为你拣菜，写情书供你解闷，讲奉承话让你聆听，表演"此情不渝"的连续剧让你观赏。

男人婚后的好处也很多。

他看你总是心不在焉，使你省下许多置装费。每穿那穿了一百零一次的绿洋装，他总是说："怎么没看过，什么时候买的？"

他锻炼你的能力："怎么连保险丝也不会接？怎么连插头也不会修理？怎么连老鼠也怕？怎么连路也不会认？怎么连……"最后你什么都会了，女人就是这样学会修理男人的。

他使你成为烹饪名家："那天和小吴在馆子里吃的那道菜好吃极了。哪天你也烧来尝尝。"

"什么菜？"

"有墨鱼、有海参、有白菜、有红萝卜，还有小黄瓜，哦，有笋……”

“怎么做的了?”

“嗨，烧的呀!”

你不得不看遍三百多个食谱，才找到这道名菜。当然你也就学会烧菜啦!

他培养你各种美德：用微小的家用教你“节俭”，用“结了婚的女人还打扮什么”教你保持“朴实”本色，用“死盯着别的女人不放”来教你“容忍”，用“别臭美啦”来教你“谦虚”，用“男人是茶壶，女人是茶杯”来教你“博爱”。

简直可以说女人的完美是男人造成的。

当然啦！你如果不结婚就得不到这种机会。

心路花语

真正的爱情并不一定是他人眼中的完美匹配，而是相爱的人彼此心灵的相互契合，是为了让对方生活得更好而默默奉献。这份爱不仅温润着他们自己，也同样温润着那些世俗的心。真正的爱情，是在能爱的时候，懂得珍惜。

哭摩 / 陆小曼

◎ 作者简介

陆小曼（1900—1965），名眉，又爱称龙儿。近代女画家，江苏武进人。1915 年就读于法国圣心学堂，她 18 岁就精通英文和法文。她是个画家，师从刘海粟、陈半丁、贺天健等名家，父亲陆定原是财政部的赋税司司长，1920 年和王庚结婚，1925 年离婚。1926 年与徐志摩结婚，同年参加了中国女子书画会，1941 年在上海开个人画展，晚年被吸收为上海中国画院专业画师，上海美术家协会会员，曾参加新中国第一次和第二次全国画展。她擅长戏剧，曾与徐志摩合作创作《卞昆冈》五幕话剧。她谙昆曲，也能演皮黄，曾出演《春香闹学》、《思凡》、《玉堂春》等剧，在北京和上海名动一时。她写得一手好文章，有深厚的古文功底和扎实的文字修饰能力，建国后担任上海文史馆馆员，上海市人民政府参事室参事，1965 年小曼在上海病逝。

我深信世界上恐怕没有可以描写得出我现在心中悲痛的一支笔。不要说我自己这支轻易也不能动的一支。可是除此之外我更无可以泄我满怀伤怨的心的机会了，我希望摩的灵魂也来帮我一帮，苍天给我这一霹雳直打得我满身麻木得连哭都哭不出来，浑身只是一阵阵的麻木。几日的昏沉直到今天才清醒过来，知道你是真的与我永别了。摩！漫说是你，就怕是苍天也不能知道我现在心中是如何地疼痛，如何地悲伤！从前听人说起“心痛”，我老笑他们虚伪，我想人的心怎会觉得痛，这不过说说而已，谁知道我今天才真的尝到这一阵阵心中绞痛似的味儿了。你知道么？曾记得当初我只要稍有不适即有你声声地在旁慰问，咳，如今我即使是痛死也再没有你来低声下气地慰问了，摩，你是不是真的忍心永远地抛弃我了么？你从前不是说你我最后的呼吸也需要连在一起才不负你我相爱之情么？你为什么不早些告诉我是要飞去呢？直到如今我还是不信你真的是飞了，我还是在这儿天天盼着你回来陪我呢，你快点将未了的事情办一下，来同我一同到云外优游去吧，你不要一个人在外逍遥，忘记了闺中还有我等着呢？

这不是做梦么？生龙活虎似的你倒先我而去，留着一个病恹恹的我单独与这满是荆棘的前途来斗争。志摩，这不是太惨了么？我还留恋些什么？可是回头看看我那苍苍白发的老娘，我不由一阵阵地心酸，也不敢再羡你的清闲、爱你的优游了，我再哪有这勇气，去看她这个垂死的人与你双双飞进这云天里去围绕着灿烂的明星跳跃，忘却人间有忧愁有痛苦像只没有牵挂的梅花鸟。这类的清福怕我还没有缘去享受！我知道我在尘世间的罪还未满，尚有许多的痛苦与罪孽还等着我去忍受呢。我现在唯一的希望是你倘能在一个深沉的黑夜里，静静凄凄地放轻了脚步走到我的枕边给我些无声的私语让我在梦魂中知道你！我的大大是回家来探望你那忘不了的爱来了，那时间，我绝不张惶！你不要慌，没人会来惊扰我们的。多少你总得让我再见一见你那可爱的脸，我才有勇气往下过这寂寞的岁月，你来吧，摩！我在等着你呢。

事到如今我一点也不怨，怨谁好？恨谁好？你我五年的相聚只是幻影，不怪你忍心去，只怪我无福留，我是太薄命了，十年来受尽千般的精神痛苦，万样的心灵摧残，直将我这颗心打得破碎得不可收拾，到今天才真变成了死灰，也再不会发出怎样的光彩了。好在人生的刺激与柔情我也曾尝味，我也曾容忍过了，现在又受到了人生最可怕的死别。不死也不免是朵憔悴的花瓣再见不着阳光晒，也不见甘露漫了。从此我再不能知道世间有我的笑声了。

经过了许多的波折与艰难才达到了结合的日子，

你我那时快乐得简直忘记了天有多高地有多厚，也忘记了世界上有忧愁二字，快活的日子过得与飞一般快，谁知道不久我们又走进忧城。病魔不断地来缠着我。它带着一切的烦恼，许多的痛苦，那时间我身体上受到了不可言语的沉痛，你精神上也无端地沉入忧闷，我知道你见我病身呻吟，转侧床笫，你心坎里有说不出的怜惜，满肠中有无限的伤感，你曾慰我，我无从使你再有安逸的日子。

摩，你为我荒度了你的诗意，失却了你的文兴，受着一般人的笑骂，我也只是在旁默然自恨，再没有法子使你像从前一样的欢乐。谁知你不顾一切地还是成天地安慰我，叫我不要因为生些病就看得前途只是黑暗，有你永远在我身边，不要再怕一切无谓的闲论。我就听着你静心平气地养病，只盼着天可怜我们几年的奋斗，给我们一个安逸的将来，谁知道如今一切都是幻影，我们的梦再也不能实现了，早知有今日何必当初你用尽心血地将我抚养呢？让我前年病死了，不是痛快得多么？你常说天无绝人之路，守着好了，哪知天竟绝人如此，哪里还有我平坦走着的道儿？这不是命么？还说什么？摩，不是我到今天还在怨你，你爱我，你不该轻生，我为你坐飞机，吵闹过不知几次，你还是忘了我的一切的叮咛，瞒着我独自地飞上天去了。

完了，完了，从此我再也听不到你那叽咕小语了，我心里的悲痛你知道么？我的破碎的心留着等你来补呢，你知道么？唉，你的灵魂也有时归来见我么？那天晚上我在朦胧中见到你往我身边跑，只是那一转眼的就不见了，等我跳着，叫着你，也再不见一些模糊的影子了，咳，你叫我从此怎样度此孤单的日月呢？真是叫天天不应，叫地地不响，苍天为何给我这样残酷的刑罚呢！从此我再不信有天道，有人心，我恨这世界，我恨天，恨地，我一切都恨，我恨他们为什么抢了我的你去，生生地将我们两颗碰在一起的心离了开去，从此叫我无处去摸我那一半热血未干的心，你看，我这一半还是不断地流着鲜红的血，流得满身只成了个血人。这伤痕除了那一半的心血来补，还有什么法子不叫她滴滴地直流呢，痛死了有谁知道，终有一天流完了血，自己就枯萎了。若是有时候你清风一阵地吹回来见着我成天为你滴血的一颗心，不知道又要如何地怜惜如何地张惶呢，我知道你又瞪着两个小猫似的眼珠儿乱叫乱喊着，看看，得了，我希望你叫得高声些，让我好听得见，你知道我现在只是一阵阵糊涂，有时人家大声地叫着我，我还是东张西望不知声音是何处来的呢。大大，若是我正在接近着梦边，你也不要怕扰了我的梦魂，像平常似的不敢惊动我，你知道我再不会骂你了，就是你打扰使我睡不着觉我也不敢再怨了，因为我只要再能得到你一次的扰，我就可以责问他们因何骗我说你不再回来，让他们看着我的摩还是丢不了我，乖乖地又回来陪伴着我了，这一回我可一定紧紧地搂抱你再不能叫你飞出我的怀抱了。天呀！可怜我，再让你回来一次吧！我没有得罪你，为什么罚我呢？

摩！我这儿叫你呢，我喉咙里叫得直要冒血了，你难道还没有听见么？直叫到铁树开花，枯木发芽我还是忍心等着，你一天不回来，我一天地叫，等着我哪天没有了气我才甘心地丢开这唯一的希望。

你这一走不单是碎了我的心，也收了不少朋友伤感的痛泪。这一下真使人们感觉到人世的可怕，世道的险恶，没有多少日子竟会将一个最纯白最天真不可多见的人收了去，与人世永诀。你也许到了天堂那儿还一样过你的欢乐的日子，可是你将我从此就断送了。

你以前不是说要我像清风似的常在你的左右么？好，现在倒是你先化着一阵清风飞去天边了，我盼你有时也吹回来帮着我做些未了的事情，只要你有耐心的话，最好是等着我将人世的事办完了同着你一同化风飞去，让朋友们永远只听见我们的风声而不见我们的人影，在黑暗里我们好永远逍遥自在地飞舞。

我真不明白你我在佛经上是怎样一种因果，既有缘相聚又因何中途分散，难道说这也有一定的定数么？记得我在北平的时候，那时还没有认识你，我是成天地过着那忍泪假笑的生活。我对人老含着一片至诚纯白的心而结果反遭不少人的讥诮，竟可以说没有一个人能明白我，能看透我的，一个人遭受着不可言语的痛苦，当然地不由生出厌世之心，所以我一天天地只是藏起了我的真实的心而拿一个虚伪的心来对付这混浊的社会，也不再希望有人能真正地认识我明白我。

甘心愿意从此自相摧残地快快了此残生，谁知道就在那时候会遇见了你，真如同在黑暗里见着了一线光明，将死的人又兑了一口气，生命从此转了一个方向。摩摩，你明白我，真算是透彻极了，你好像是成天钻在我的心房里似的，直到现在还只有你一个人是真懂得我的。

我记得我每遭人辱骂的时候你老是百般地安慰我，使我不得不对你生出一种不可言喻的感觉，我老说，有你，我还怕谁骂？你也常说，只要我明白你，你的人是我一个人的，你又为什么要去顾虑别人的批评呢？所以我哪怕成天受着病魔的缠绕也再不敢有所怨恨的了。我只是对你满心的歉意，因为我们理想中的生活全被我的病魔打破，连累着你成天也过那愁闷的日子。可是两年来我从来未见你有一些怨恨，也不见你因此对我稍有冷淡之意。也难怪文伯要说，你对我的爱是 Compatible and true 的了，我只怨我真是无以对你，这，我只好招之于将来了。

我现在不顾一切往着这满是荆棘的道路上走去，去寻一点真实的发展，你不是常怨我跟你几年没有受着一些你的诗意的熏陶么？我也实在惭愧，真是辜负你一片至诚的心了，我本来一百个放心，以为有你会永久在我身边，还怕将来没有一个成功么？谁知现在我只得独自奋斗，再不能得你一些相助了，可是我若能单独撞出一条光明的大路也不负你爱我的心了，愿你的灵魂在冥冥中给我一点勇气，让我在这生命的道路上不再感受到孤立的恐慌。

我现在很坚定地答应你从此再不张着眼睛做梦躺在床上乱讲，病魔也得最后与它决斗一下，不是它生便是我倒，我一定做一个你一向希望我所能成的一种人，我决心做人，我决心做一点认真的事业，虽然我头顶只见乌云，地下满是黑影，可是我还记得你常说“受苦的人没有悲观的权利”，一个人决不能让悲观的慢性病侵蚀人的精神，同厌世的恶质染黑人的血液。

我此后不再病（你非暗中保护不可），我只叫我的心从此麻木，不再问世界有恋情，人们有欢娱，我早打发我的心，我的灵魂去追随你的左右，像一朵水莲花拥扶着你往白云深处去缭绕，绝不回头偷看尘间的作为，留下我的躯壳同生命来奋斗到战胜的那一天。我盼你带着悠悠的乐声从一团彩云里脚踏莲花瓣来接我同去永久地方相守，过我们理想中的岁月。

一转眼，你已经离开了我一个多月了，在这段时间我也不知道是怎样过来的，朋友们跑来安慰我，我也不知道说什么好，虽然决心不生病，谁知一直到现在也没有离开过我一天，摩摩，我虽然下了天大的决心，想与你争一口气，可是叫我怎能受得了每天每时悲念你时的一阵阵心肺的绞痛，到现在有时想哭，眼泪却干得流不出一点。

要叫，喉中疼得发不出声，虽然他们成天逼我喝一碗碗的苦水，也难以补得了我心头的悲痛，怕的是我恹恹的病体再受不了那岁月的摧残，我的爱，你叫我怎样忍受没有你在我身边的孤单。你那幽默的灵魂为什么这些日子也不给我一些声响？我晚间有时也叫了他们走开，房间不让有一点声音，盼你在人静时给我一些声响，叫我知道你的灵魂是常常环绕着我，也好叫我在茫茫前途感觉到一点生趣，不然怕死也难以支撑下去了。摩！大大求你显一显灵吧，你难道真的忍心从此不再同我说一句话了么？不要这样地苛酷了吧！你看，我这孤单一人影从此怎样地去撞这艰难的世界？难道你看了不心痛么？你爱我的心还存在么？你为什么不响？大！你真的不响了么？

心路花语

在徐志摩死后一个多月，陆小曼写了《哭摩》，这篇文章写得情真意切，悲伤痛苦跃然纸上。读完不禁令人唏嘘不已。

夫妇完全是一种知己朋友的关系（节选）／傅雷

◎ 作者简介

傅雷（1908—1966），别名怒庵，一代翻译巨匠。早年留学法国，几乎译遍法国重要作家如伏尔泰、巴尔扎克、罗曼·罗兰等的重要作品。数百万言的译作形成“傅雷体华文语言”。他多艺兼通，在绘画、音乐、文学等方面均显示出独特的艺术鉴赏力。

对终身伴侣的要求，正如对人生一切的要求一样不能太苛刻。事情总有正反两面：追得你太迫切了，你觉得负担重；追得不紧了，又觉得不够热烈。温柔的人有时会显得懦弱，刚强了又近乎专制。幻想多了未免不切实际，能干的管家太太又觉得俗气。只有长处没有短处的人在哪儿呢？世界上究竟有没有十全十美的人或事物呢？抚躬自问，自己又完美到什么程度呢？这一类的问题想必你考虑过不止一次。我觉得最主要的还是本质的善良，天性的温厚，开阔的胸襟。有了这三样，其他都可以逐渐培养；而且有了这三样，将来即使遇到大大小小的风波也不致变成悲剧。

做艺术家的妻子比做任何人的妻子都难；你要不预先明白这一点，即使你知道“责人太严，责己太宽”，也不容易学会明哲、体贴、容忍。只要能代你解决生活琐事，同时对你的事业感到兴趣就行，对学问的钻研等暂时不必期望过奢，还得看你们婚后的生活如何。眼前双方先学习相互的尊重、谅解、宽容。

对方把你作为她整个的世界固然很危险，但也很宝贵！你既已发觉，一定会慢慢点醒她；最好旁敲侧击而勿正面提出，还要使她感到那是为了维护她的人格独立，扩大她的世界观。倘若你已经想到奥里维的故事，不妨就把那部书叫她细读一两遍，特别要她注意那一段插曲。像雅葛丽纳那样只知道love、love、love 的人只是童话中人物，在现实世界中非但得不到 love，连日子都会过不下去，因为她除了 love 一无所知，一无所有，一无所爱。这样狭窄的天地哪像一个天地！这样片面的人生观哪会得到幸福！无论男女，只有把兴趣集中在事业上、学问上、艺术上，尽量抛开渺小的自我，才有快活的可能，才觉得活得有意义。

未经世事的少女往往会存一个荒诞的梦想，以为恋爱时期的感情的高潮也能在婚后维持下去。这是违反自然规律的妄想。古语说，“君子之交淡如水”；又有一句话说，“夫妇相敬如宾”。可见，只有平静、含蓄、温和的感情方能持久；另外一句的意思是说，夫妇到后来完全是一种知己朋友的关系，也即是我们所谓的终身伴侣。未婚之前双方能深切领会到这一点，就为将来奠定了最可靠的基础，免除了多少不必要的误会与痛苦。

心路花语

到底什么是真正的理想伴侣关系？傅雷先生给了我们极大的启示。

有很强的婚姻关系经营建设意识本没有错，错的是努力建设的方向。人们往往对曾经经历过的刻骨铭心、动人魂魄的情感体验不能忘怀，一想到要与伴侣改善关系，提高婚姻生活质量，就联想到要恢复初恋时的浪漫和激情，这是一个误区。要知道那种体验只属于人生中一个特殊的阶段，甚至一生只会有一次。伴侣双方都已经在生活中不可逆转地成熟了，却还要去追求那种基于新鲜感和单纯心理的浪漫情怀。必然很快会发现“怎么也找不到当初的感觉，或者稍纵即逝不能持久”。也可能人们没有体验过与自己的伴侣达到那种“沟通快乐、思想共鸣、心理默契”的和谐境界，从来没有过“心里有点什么事都想赶紧跟自己的伴侣说说，从诉说和回馈中得到某种真正的心理安慰和精神开导”的那种感觉。所以他们没有想到“朋友关系”能给自己的伴侣生活带来什么样的精神满足和情感依靠，所以只是一味地想要浪漫，想要激情……

爱的谎言 / 佚名

他和她相识是在一个宴会上。那时的她年轻美丽，颇有才华，在学校里是出了名的人物，身边自然不乏追求者，而他却是一个很普通的人，很久以来一直爱慕着她，她自然不知道这一切。宴会结束，他邀请她去喝咖啡，她很吃惊，然而，出于礼貌，她还是答应了。坐在咖啡馆里，两个人之间的气氛很是尴尬，没有什么话题。正当她打算找个借口离开时，小姐把他们点的咖啡端上来了，他却突然说："麻烦你拿点盐过来，我喝咖啡习惯放点盐。"当时，她愣住了，小姐也愣住了，大家的目光都集中到了他身上，以至他的脸都红了。

小姐把盐拿过来了，他放了点进去，慢慢地喝着。她很好奇地问他："你为什么要在咖啡里加盐呢?"他沉默了一会儿，很慢地几乎是一字一顿地说："小时候，我家住在海边，我老是在海里泡着，海浪打过来，海水涌进嘴里，又苦又咸。现在，很久没回家了，咖啡里加盐，就算是想家的一种表现吧，可以把和家的距离拉近一点。"

她突然被打动了，因为，这是她第一次听到男人在她面前说想家，她认为，想家的男人必定是顾家的男人，而顾家的男人必定是爱家的男人。看着眼前的这个男人，她忽然有一种倾诉的欲望，于是他们谈起了各自的故乡，越聊越起劲，不觉间几个小时过去了，他们从未一下子说过这么多的话，有一种畅快淋漓的感觉，似乎还有些意犹未尽的感觉。很晚了，他们不得不回去，而她也意外地同意让他送她回去。此后，两个人频繁地约会，她发现他实际上是一个很好的男人，大度、细心、体贴，符合她所欣赏的所有的优秀男人应该具有的特性。她暗自庆幸，幸亏当时礼貌，才没有和他擦肩而过，也没有和幸福擦肩而过。她带他去遍了城里的每家咖啡馆，每次都是她说："请拿些盐来好吗？我的朋友喜欢咖啡里加盐。"再后来，就像童话书里所写的一样，"王子和公主结婚了，从此过着幸福的生活"。他们确实过得很幸福，而且一过就是四十多年，直到他前不久得病去世。

故事似乎要结束了，如果没有那封信的话。那封信是他临终前交给她的："原谅我一直都欺骗了你，还记得四十年前我们相识时，第一次请你喝咖啡的情形吗？当时气氛差极了，我很难受，也很紧张，不知怎么想的，竟然对小姐说拿些盐来，其实我不加盐的，当时既然说出来了，只好将错就错了。没想到这一下让我喝了半辈子的加盐咖啡。有好多次，我都想告诉你，可我怕你会生气，更怕你会因此离开我。今生与你相伴是我最大的幸福，如果有来生，我希望还能娶到你。只是，我可不想再喝加盐的咖啡了，咖啡里加盐，你不知道，那味道，有多难喝。咖啡里加盐，我当时是怎么想出来的！"信的内容让她吃惊，同时有一种被骗的感觉。然而，他不知道，她多想告诉他，她是多么高兴，有人为了她，能够做出这样的一生一世的欺骗……

心路花语

为了你爱的人，你能喝一辈子加盐的咖啡吗？或许，每个人爱的方式不同，但是既然爱了，就要爱得全心全意，爱得无怨无悔。

我的婚姻 / 林语堂

我曾提到我在坂仔乡和赖柏英的恋情。我们一起玩耍，一起抓鲦鱼和小龙虾。我记得她蹲在小溪里，等蝴蝶停在发梢，然后缓步徐行，蝴蝶居然没飞走。成年后，她眼见我由圣约翰大学毕业后返乡。我们自觉是理想的一对。她母亲是家母的义女，她叫我“五舅”。她已经长成大姑娘了，体型偏瘦，我们都叫她“橄榄”。“橄榄”是一个独立性很强的姑娘，有一张瓜子脸，看我的时候，目光仿佛心事重重。但是我有心继续深造，她则坚持要在家乡侍候祖父，她的祖父双眼渐瞎，随时需要她搀扶。

她认定漳州什么都有，最好的水果、鱼类、瓜类和迷人的山水，样样俱全。后来“长衫”流行，我姐姐看过她穿时新的款式，相当漂亮。我记得她平时穿一袭黑衣干活儿，星期天到了，就换上一套浅蓝的衣服非常迷人。她祖父失明以前，她早上经常外出，探察夜雨之后的稻田水位。我们相亲相爱，她能献出无私的爱心，不要求回报，但是环境把我们拆开了。结果我到北平，她则嫁给坂仔乡的一个商人。

我是一个颇有前途的穷小子。吾妻则是一个阔财东的女儿，她的家世比我高。幸亏她不是娇生惯养长大的。根据旧习俗，女孩子的教养要适应将来的夫君；她们得烧饭、洗衣、缝纫，要能做一般的家务，无论嫁到怎么样的人家，都能适应环境。除了烧香拜佛，她们不能到前厅或者公然露面。男孩和女孩差别待遇的结果，女孩子都成为绝佳的妻室，男孩子被人宠坏了，缺乏上进心，都没有什么成就。

我由圣约翰大学回来，经常到好友家小坐，爱上她妹妹 C 君。他们住在吾妻家隔壁。我和吾妻的兄弟也颇有交情，遂应邀到她家吃饭，席间我觉得有一双眼睛在偷看我。后来吾妻告诉我说，她在算我吃几碗饭。接着我发现，我远行换下来的脏衣服被她拿回家去洗了。没有人将我正式介绍给她。

我大二那年，曾连续上台领奖三次，在圣约翰大学的男生和圣玛利亚书院的女生之间造成小小的轰动。当时吾妻还没有进圣玛利亚书院，不过她一定听人说起过。当时我爱上大美人C君。毫无希望，C君的父亲看中一个名门富户的少爷，婚事快要谈成了。当时婚姻都由父母做主。我结婚以后，谈起这个问题，吾妻总是咯咯笑个不停。儿女都知道这回事，她不是上海人，却答应嫁给我，她想来就觉得好玩。她母亲告诉她："和乐是牧师的儿子，不过他很穷。"吾妻得意而坚决地说："贫穷算不了什么。"

我姐姐在学校认识翠凤，说她必是一个了不得的妻子，我深表同意。

我知道和C君无缘，非常痛苦。我回家闷闷不乐，姐妹们都看出来了。半夜母亲提一盏灯到我房里来，问我有什么心事。我痛哭失声，哭得好可怜。我看出这一回是C君的父亲从中撮合，知道毫无希望了，母亲也知道。

婚期在一九一九年，然后到哈佛去度蜜月。我们在圣公会教堂举行婚礼。

根据习俗，我要到新娘家去"迎亲"。她家献上龙眼茶，作为吉祥的象征，我却把龙眼全部吃掉。婚礼上，我和男傧相谈笑风生，不拘礼俗。为了表示看不起这些仪式，后来在上海，我征得吾妻同意，把结婚证书烧掉了。我说，"把证书烧掉，只有离婚才用得着。"这句话一点不假！

我要谈谈婚前的最后一夜。我请母亲和我同床。我们一向很亲密。此生我再也不能和她同床了。小时候我习惯玩她的乳房，十岁才改掉这个毛病。我真想陪在她身边。当时我还是童男哩。

孩子们常说："世上找不到两个比爹妈更不相像的人。"翠凤外向，我内向；我是气球，她是压载物；我们就如此相互恭维。没有压载物的气球会碰到灾祸。她有条有理，生性严肃，随时穿得整整齐齐，喜欢做该做的事情。餐桌上，她总是吃方方正正的腿肉和胸肉，不吃肫肝之类的玩意儿。我一向喜欢翅膀、肝肠、脖子和一切老饕爱吃的东西。我魂不守舍、乐观，对人生抱着顽皮的看法。我讨厌一切拘谨的象征，讨厌领带、裤腰皮带和鞋带。

翠凤属于接纳万物、造福人类的"水"质。我性属凿穿万物的"金"质。

换句话说，我们是老式的婚姻，由父母精挑细选而结合。爱情在婚姻中滋长，而不是一开头就以善变的爱情为基础，年岁激增，我们学会珍惜可贵的一切。男女互补所造成的幸福也是其中之一。但是我们永远忘不了年轻时代同甘苦所建立的基石。一次又一次，她总能为家庭的福利而牺牲，做出了强有力的决定。

结婚五十周年，我送她一个勋章，上面刻了詹姆斯·惠特坎李莱的不朽名诗《老情人》：

When I should be her lover for ever and a day,

And she my faithful sweetheart tdl her golden hair was gray

And we should be So happy when either's lips were dumb,

They would not smile in heaven till the other's kiss had come,

同心相牵挂，一缕情依依。

岁月如梭逝，银丝鬓已稀。

幽明倘异路，仙府应凄凄。

若欲开口笑，除非相见时。

林语堂自译

我忘不了父亲到轮船上来送我们，当时我们已经登上船板。父亲凄然地望着我们。他似乎在想："现在我送你们小两口到美国，也许一辈子见不到你们了，我把和乐完全交给翠凤，她会好好照顾你。"日后我在莱比锡大学接到父亲的死讯。

心路花语

婚姻是一分甜蜜。挚深的盼望常常在"执手相看泪眼"中如涓涓的溪流从山涧中奔涌而出。哪怕只字片言，也足以安慰对方疲惫的心；彼此流露款款深情给我们带来巨大的精神慰藉，想到此去的人生，有一颗心始终挂念着自己，我们便禁不住暖意盈怀。

婚姻更是一分责任。“弱水三千，只取一瓢”，这一瓢子就是弱水。虽不敢说就此一世的牵情，这牵情岂不有了特殊的意韵？

为什么要结婚 / 罗兰

◎ 作者简介

罗兰，原名靳佩芬，1919 年出生于河北省宁河县芦台镇，河北省立女子师范学院师范部毕业。1948 年去台湾，1959—1991 年，在台湾“警广”主持音乐及教育节目，长达 32 年。出版作品除《罗兰小语》外，还包括散文、小说、游记、诗歌、诗论等。2003 年获世界华文作家协会“终身成就奖”。

一位职业妇女问我：“为什么要结婚？”

我说，这问题范围很广。因为单看字面，它已包括了：

一、“人”为什么要结婚？

二、“女人”为什么要结婚？

三、“为了什么”要去结婚？

四、何必结婚？

种种现实与抽象的问题。

她没想到我如此地小题大做，倒把急于获得答案的心情暂时搁了下来，想安心和我就这个问题聊聊天了。

首先是，“人”为什么要结婚？

这问题很简单。因为如果泛指“人类”，那就是站在生物的立场。结婚，是为了传宗接代。

虽然说，不结婚而同居或只发生性的关系，照样可以传宗接代。但那样实在对所要传的后代很不方便。因为数千年来，人类根据经验，已经得到证明，要安全地抚养后代，实在不是单单的男方或女方独自的力量可做得好的，而必须双方分工合作，有人在家照顾哺育，有人出外打工谋生，才不会顾此失彼，疲于奔命。所以双方要建立一个固定的居所，有个固定的名分，负起人伦、社会与法律上的责任，使这关系巩固而公开，以免中途发生动摇或受到外力的侵害。这样才可以有效地保护及教养子女，使他们成为人类所希求的、良好的后代。所以，“人”需要结婚。

其次是，“女人”为什么要结婚？

范围由全人类缩小到单单是女性。这出发点和头一个问题有点两样。头一个问题是为什么男女双方要结婚，这个问题是为什么女人要嫁？女人如果嫁了，就不那么独立了，就要放弃一部分或全部的事业了，生活方式和内容就会大大地改变了。究竟这种付出对女人有什么好处？如果不嫁，会不会有什么不良后果？是不是因为这些不良后果，才迫不得已而去结婚？

这个问题是站在“不愿顺其自然”的出发点而发的。

如果顺其自然，以人类的天性来说，人类久已发现男女应该结婚。所以女人应该结婚，这是最简单的逻辑。但站在现代妇女的立场，女人有了开创事业的欲望与能力，就不情愿再被关回家庭去抚育子女，觉得那是一种大大的牺牲。

事实也未尝不是如此。妇女有职业和家庭不能两全的问题，从这世纪的开始已经吵到了现在。问题就出在妇女想要有自己的事业，而大自然又希望妇女能回去抚育孩子，所以矛盾不已。这问题简化来说，其实也就是孩子和事业在冲突。如果只是找个人结婚，而不生孩子，女人仍然可出去创事业，不会有“离不开家”的困扰。

这也就是说，女人不愿满足造物者让人类传宗接代的要求，所以才打算站在另一个角度去问：“既然不想生孩子，为什么要结婚？除了生儿育女的理由之外，还有什么理由要建立一个家？”

这是人类后天的欲望战胜了天然的要求而产生的问题。排除了生儿育女的天然要求之后，女人在考虑结婚的时候，往往只是想到“社会习俗对不结婚的女人怎样看法”这个末节上。她们所要知道的，就只是“是不是女人不结婚会被人加以异样的眼光”、“是不是自己会有心理变态”、“会不会将来年纪大了，缺少安全感”。

换言之，这是只考虑到自身的损益而发生的问题。

至于这个问题的答案是什么？当然可以看看许多不结婚者的实际情况，作为参考。一般的经验似乎是，如果你不结婚，你就必须有个令你感到“值得”的事业。这事业可以提供你精神的寄托和生活的保障。要注意的是，它既要提供你“生活的保障”，还得提供你“精神的寄托”。而这两者时常并不一定是携手并肩而来的，但你所需要的却是两者兼备，才可弥补空虚及维持独立。

于是，就转到了另一个问题：“如果要结婚，那么，为了什么才去下这个决定？”这个“为了什么”是“对方要有什么条件”的意思。是为了“财富”？是为了“名望”？是为了“爱情”？还是为了“出国”之类的某些方便？

这问题，看似复杂，实则简单，因为很显然，这是现实的现代人既不想传宗接代，也忘记了什么叫“爱情”，或根本否定了世上有“爱情”这回事，才产生了是为财富，是为名望，是为某项利益等旁枝末节的问题。如果人们重视传宗接代或相信爱情，其他的问题都将不难定下取舍。相反的，如果不在意后代，也不相信爱情，其他一切问题都将使男女双方结合的意义变得相当的可悲或可鄙，别人也就没什么可提供建议的了。

由于现代人既不热衷生育，又不相信爱情，所以才发生了最后一个“何必结婚？”的问题。

我也觉得，既然没有顺从自然的打算，又没有尊重爱情的心情，也就难怪现代男女有时像表演给别人看一样，聚聚散散，自己觉得好玩，别人看了也可以解闷。如果抱了这个目的，为制造“知名度”而结婚，倒不失为商业社会的一个最佳选择。找那最有名的去表演结婚，再表演离婚，在这两个项目中间，还可以表演种种插曲，“见报率”一定很高，达到广告宣传的效果将是毫无疑问。至少对你所要从事的“事业”，以商业社会的标准来说，是会由于引人注目而“畅销”不已的。精神上既可得到极大的满足，物质上亦可招财进宝，何乐而不为呢？

至于说，假如人类都不为爱情，也不为传宗接代而结婚，好不好呢？

我觉得，反正地球已经被污染损毁到这个样子，人类的品质也不易维持水准，后代不后代，倒也真是不必认真了。说不定，不让他们出生，正是避免了他们可能遭受的浩劫呢？

心路花语

每一段感情就好像是一场战斗，进与退，分与和，如无情的利器折磨着脆弱的心灵，经历无数次“搏杀”，最终走向婚姻的礼堂接受加冕时，可曾想到又有多少人倒在了这感情的沙场无法自拔。

爱情是自私的，没有人能把它伟大，爱情是粒种子，只有给予才有收获；爱情是感动和冲动的，不是被动等待的；如果有人问我在痛苦以后选择什么，相信我依然会选着那——带着伤疤的爱情。

嫁衣 / 陆蠡

◎ 作者简介

陆蠡（190—1942），原名陆考源、陆圣泉，笔名陆敏、卢蠡。1939 年任上海文化生活出版社负责人，主编了《少年读物小丛书》和《少年科学小丛书》等15种丛书，其中分量最重的要数《文学丛刊》，这是现代文学史上规模最大的一套丛书，共10集，收有86位作家的161册单行本，总编是巴金。1942年被日本宪兵秘密杀害。

想叙说一个农家少女的故事，说她在出嫁的时候有一两百人抬的大小箱笼，被褥、瓷器、银器、锡器、木器，连水车犁耙都有一份，招摇过市的长长的行列照红了每一个女儿的眼睛，增重了每一个母亲的心事。但是很少人知道这些箱笼的下落和这少女以后的消息。她快乐么？抱着爱子么？和蔼的丈夫对她千依百顺么？我仅知道属于一个少女的一只箱笼的下落，而这故事又是不美的，我感到失望了。但是耳闻目见的确很少美丽的东西。让这故事中的真实偿补这损失吧。

假设她年已三十，离开华美出嫁的盛典有整整十个年头了。为了某种寂寞，在一个黄昏的夜晚，擎了一盏手照，上面燃着一段短烛，摸索上摇摇落落的扶梯，到被遗忘的空楼的一角。那儿有大的蛛网张在两柱中间，白色的圆圆的壁钱东一块西一块贴满黝黑的墙壁，老鼠粪随地散着，楼板上的灰尘积得盈寸。

为了某种寂寞，她来这古楼的一角，来打开她这多年放在这里的木箱，这箱子上面盖了一层纸，纸上满是灰尘。揭开这层纸，漆色还是十分鲜艳的呢。这原是新的木箱，有幸也有不幸，放上了这寂寞的小楼便不曾被开启过，也不曾被搬动过。

箱子的木板已经褪缝，铰镍和铜锁也锈满了青绿。箱口还斜角地贴着一对红纸，上面写着双喜字。这是陪嫁的衣箱，自从主人无心检点旧日的衣裳，便被撇弃在冷落的楼阁与破旧的家具为伍了。

为了某种寂寞，她用一大串中的一个钥匙打开这红漆的木箱。这里面满是折得整整齐齐的嫁妆。她的母亲在她上轿的前夕，亲手替她装下大大小小粗粗细细的布匹和衣服，因为太满了，还费了大劲压下去，复用竹片子弹得紧紧的，然后阖上箱盖。那晚母亲把箱子里的东西一件件地重复地念给她听，而她的眼睛沉重得要打瞌睡，无心听了。现在这里是原封不动的，为了纪念母亲，不去翻动它吧，不，便是为了不使自己过分伤心，便不去翻动它吧。

在这箱子的上层，是白色的和蓝色的苎布。那织入了她的整个青春啊。她自从七岁便开始织苎。当她绾着总角髻随着母亲到园子里去把一根根苎麻刈下来，跟着妈妈说“若要长，还我娘”，嘻嘻哈哈地把苎叶用竹鞭打下，堆扫到刈得光秃秃的苎根株上面，“把苎叶当作娘，岂不可笑，那地土才是它的娘啊，苎叶只是儿女罢了！”她确曾很聪明地这样想过。当她望着母亲披剥下苎的皮层，用一把半月形的刀把青绿脆硬的表皮刮去，剩下软白柔韧的丝绦，母亲的身旁堆了一大堆的麻骨，弟妹们便各人拈了一根，要母亲替他们做成钻子，真的用一根竹签做钻头，便会做成一把很好的钻子，坚实的土地便被钻得蜂巢似的了。她呢，装作大人气派说：“我，大人了，我不玩这东西。”于是便拿来了一片瓦，一个两端留着节中间可以储水的竹槽，注上水，把苎打成结，浸入水里，又把它拿出来，分成细绞，放在瓦上一搓一搓，效着大人的模样，这样，她便真的学会了织苎了。

在知了唱个不停的夏天，搬了小凳到窄小的巷里，风从漏斗门似的巷口吹进来，她在左边放着一只竹篮，右边放了苎槽和剪，膝上放了瓦片，她织着织着竟不知有炎夏的过了一个夏天，两个夏天，七八个夏天……等到母亲说：“再织上几两，我替你做成苎布，宽的给你裁衣，窄的给你做蚊帐，全部给你做嫁妆。”她脸微赧了。

现在，锁在这箱里霉烂的是她织了整个青春的苎布啊。

在冬时，她用棉筒纺成细细的纱，复把它穿进织带子的绷机的细眼里，用蓝线作经，白线作纬，她是累寸盈尺地织起带子来了。带子有窄的，有宽的，有白的，有花纹的，也有字的。她没有读书，但能够在带上织字。“长命富贵，金玉满堂”呀，“河南郡某某氏”呀，字呀，回文呀，还有她锦绣般的心思，都织在这带上。

“妈妈，我织了许多带子了。”她有一次说。

“傻丫头，等到出嫁后，还有工夫织带子么？孩子身上的一丝一缕，都得在娘身边预备的。”

“将来的日子有带般长才好呢。”

“不，你的前途是路般长。”

“妈妈的心是路般长。”

这母亲的祝福不曾落在她的身上。她没有孩子。展开在她前面的希望是带般的盘绕，带般的迂回，带般的曲折。她徒然预备了这许多给孩子用的带，要做母亲的希望却随同这带子霉腐于笥底了。

在这箱子的底层，还有各色绣花的衣被、枕衣、孩子的花兜、披襟和各种大小的布料。她想到绣在这上面的多少春天的晨夕，绣在这上面的多少幸福的预期，她曾用可以浮在水面上的细针逢双或逢单地数剔布绸的纹眼，把很细的丝线分成两条四条，又用在水里浸胀了的皂角肉把弄毛了的丝线擦得光滑，然后针叠针地缝上去。有时竟专心地忘了午餐或晚餐，母亲跑来轻轻拧她的耳朵，她方才把绣花绷用白绢包好，放入细致的竹篮，一面要母亲替她买这样买那样。

现在这些为了将来预备的刺绣随同她的青春霉烂于笥底了。

幸福的船像是不平衡的一叶轻舟，莽撞的乘客刚踏上船槛便翻身了。她刚刚跨上未来的希望的边缘，谁知竟是一只经不起重载的小舟呢。母亲在她出嫁后不一年便病殁了。她原没有父亲。丈夫在婚后不久便出外一去不返，说是在外面积了钱，娶了漂亮的太太呢，她认不得字，也无从读到他的什么信。她为他等了一年，两年，十年了，她的希望的种子落在硗瘠的岩石上，不会发芽，她的青春在出嫁时便被折入一对对的板箱，随着悠长的日子而霉烂了。

这十载可怕的辛劳，夺去了她的健康。为要做贤惠的媳妇，来这家庭不久便换上日常的便服，和妯娌们共分井臼之劳。现在想来真是失悔。谁知自从那时候便永远不容有休息呢。在严寒的冬月，她是汗流浃背地负起沉重无情的石杵；在幽静的秋夜的月光中，为节省些膏火，借月光独自牵着喂粮食的猪。偶尔想到她是成了一头驴子，团团转转地牵着永远不停地磨，她是发笑了。还有四月的麦场，五月的蚕忙，八月的稻，九月的乌桕，都是吸尽她肩上的血，消尽她颊边的肉的。原是丰满红润的姑娘啊，现在不加修饰的像一个吊死鬼。不过假如这样勤劳能得到一句公平的体恤的话，假使不至无由地横遭责骂，便这样地生活下去吧。

“闲着便会把骨头弄懒了啊！”这不公的诟声。

“闲着便会放辟逾闲啊！”这无端的侮辱。

于是在臼和磨之外又添了砻，在猪圈中又添了一头猪，为要增加她的工作。

在猪圈中又是添了一头猪，为要增加她的工作。

竟然养起母猪来了。那是可怕的饕餮！并且……

“你把这母猪喂饱，赶这骚猪过去啊！”

她脸一红。感到这可耻的讥刺，这无赖的毒意。她是第一次吐出恶毒的声音，诅咒这不义的家庭快快灭亡吧。她开始哭了。

接着是可怕的病，除了出嫁了的妹妹是没有人来她的床边的。妹妹是穷的，来去都是空手，难怪这一家人看到她来谁也不站起招呼一声。母亲留下她们姐妹兄弟四人，兄弟们都各自成家，和她成了异姓，和她同枝连理的妹妹，命运是这样不同。她是富，妹妹是穷，她是单身，妹妹是儿女多累，这奇异的命运啊！但是谁也没有想到这富家媳是受这样的折磨！当时父母百般的心计是为要换得这活人的凌迟么？她呜咽了。

假如生涯是短促的话，她已过了三分之二了。假如生涯是更短促的话，那，便在目前了，所以她挣了起来，趸上这摇摇落落的扶梯，来这空楼的一角，打开古绿的锁，检点嫁时的衣裳么？箱里有一套白麻纱的孝服，原是预备替长辈们戴孝的，现在戴的为了自己，岂不可怜！

伏在箱子的一角，眼泪潸潸地流下来。手照落在地上，不知不觉地延烧了拖垂着的衣襟，等到她觉得周身火热才惊慌地呼喊时，一股毒烟冒进了她的口鼻，便昏厥过去。

家人听见叫喊的声音跑来，拿冷水泼在她的身上，因而便不救了。假如当时用毡子裹住她，或想法撕去她的外衣，那么负伤的身至今还活着的吧。

后来据他们说是“因为她身上的不洁，冒犯了这楼居的狐仙，所以无端自焚的”。不久之前，我曾去看这荒诞无稽的古楼，楼门锁着，贴上两条交叉的红纸条。这楼中锁着我的第二房的堂姐的嫁衣。

心路花语

本文把旧社会对妇女的戕害自然而深情地披露了出来，让人读之心酸。

夫妇公约 / 蔡元培

◎ 作者简介

蔡元培（1868—1940），现代教育家。字鹤卿，号孑民，浙江绍兴人，清光绪进士。1900 年 1 月发表《对于教育方针之意见》，反对清末的教育宗旨。1917 年任北京大学校长，提倡“学术自由”，主张对新旧思想“兼容并包”，使北大成为新文化运动的发祥地。著作编有《蔡元培全集》。

一、《礼》《中庸》记曰：君子之道，造端夫妇，及其至也，察乎天地。《大学》记曰：欲治其国者，先齐其家。夫妇之伦，因齐家而起。齐者何？同心办事者是也，是谓心交。若乃见美色而悦者，如小儿见彩画而把玩之，文士见佳作而赞叹之耳，是谓目交。心动而淫者，如饥者食，寒者衣耳，是谓体交。男子见美男，女子见美女，皆有目交也。两男之相悦，如娈童。两女之相悦，如粤东之十姊妹。皆有体交也。非限于男与女者也。然而，统计全球之例，目交之事，溥通也而无所禁。如握手、接吻之属，皆目交所推也。而体交之事，限于男与女者何也？曰男子之欲，阳电也；女子之欲，阴电也。电理同则相驱，异则相吸。其相驱也，妨于其体也大矣；其相吸也，益于其体也厚矣。相吸之益，极之生子，而关乎保家，且与保国保种之事相关矣。然而，异电之相吸也，必有择焉，何则？凡体者，皆合众质点而成者也。一体有一体之性质，虽析之极微，而一点之性质与一体同，此人与物之公例也。是故其体有强弱之差者，其所发电力有多寡久暂之差；其神志有智愚之差者，其所发电以成器之性，亦有灵蠢之差，此理之必不可易者也。其电力既有多寡久暂之差矣，而使之吸，则必有所不胜吸焉而驱之，其受驱之害也同。其所以成器者，有灵蠢之差矣，而强合之，则必有纯驳之差。譬如熔两金而成器，其一金也，其一铁也，未尝不可范也，然而金者不易蚀，铁者易蚀，铁尽锈而金亦无以自立，即以其金铁所占多寡之差为其器，坚之差矣。合松与樗而构屋，松者不易朽，樗者易朽，樗朽尽而松不能支，即以其松樗所占多寡之差为其屋，久暂之差矣。是故男女质性不同者，其所生子亦与之为不同，及其所生子之生子也，又有不同矣。呜呼，此人之所以同种而渐趋于异者也。且也，驳性所生之子，其神志不完全矣，甚者，体魄亦不完全也。呜呼！体魄不完全，具耳目者皆知之；神志不完全，则我国所素不讲，而孰知夫弱国弱种之胥由于此也乎！世间夫妇，体交而已耳。目交而惬者，固已不多得矣。呜呼！家道之所以仳离，人种之所以愚弱也。男子之宿娼也，女子之偷期也，皆以目交始，而亦间有心交者也。野合之子，所以智于家生者，此理也。呜呼，世间男女，不遇同心之人，慎勿滥为体交哉。此关雎之所以求之不得而辗转反侧者也。

二、既知夫妇以同心办事为重，则家之中，唯主臣之别而已。男子而胜总办与，则女子之能任帮办者嫁之可也；女子而能胜总办与，则男之可任帮办者嫁之亦可也，如赘婿是也。然妇人有生产一事，易旷总办之职，终以男主为正职。地球上国主，亦男主多而女主少。

三、既明主臣之职，则主之不能总办而以压制其臣为事者，当治以暴君之律；臣之不能帮办而以容悦为事者，当治以佞臣之律。

四、传曰：君择臣，臣亦择君。既明家有主臣之义，则夫妇之事，当由男女自择，不得由父母以家产丰俭、门第高卑悬定。

五、持戟之士失伍，则去之；士师不能治士，则去之，为其不能称职也。君有大过，反复之而不听，则去，为其不能称职也。既明家有主臣之义，则无论男主、女主，臣而不称职者，去之可也；主而不受谏者，自去可也。

六、国例，臣之见去与自去者，皆得仕于他国。则家臣之见去与自去者，皆得嫁于他家。

七、所谓同心办事者，欲以保家也。保家之术，以保身为第一义，各保其身，而又互相保者也。

八、保身之术，第一禁缠足。

九、饮食亦保身之至要者也。当依卫生之理，不得徒取滋味而已。

十、衣服亦保身之具也。统地球核之，以满洲服为最宜，宜仿之。髻用苏式，履用西式。

十一、居处亦保身之要也，宜按卫生之理而构造之，且时时游历，以换风气。

十二、保家之术，以生子为第二义。

十三、生子之事，第一交合得时。

十四、生子之事，第二慎胎教。

十五、子既生矣，当养之，一切依保身之理。

十六、养子而不教，不可也。教子之职，六岁以前，妇任之；六岁以后，夫任之。

十七、教子当因其所已知而进之于所未知，以开其思想之路。

十八、教子当令有专门之业，以养其身。

十九、教子不可用威喝斥责，以养其自立之气。

二十、教子不可用诳语，以养其信。

二十一、教子当摒去一切星卜命运仙怪之谭，以正其趣。

二十二、保家之术，不可不谋生计。

二十三、有生计矣，不可不知综核家用，量入为出。

二十四、保家之术，当洞明我国现情及我国与外国交涉之现情，国亡家不能独存也。

二十五、保家之事，如此其繁也，则不可不惜时。男子之征逐也，女子之妆饰也，凡费时而无益者，皆撙节之。

心路花语

毛泽东曾经称蔡元培为“人世楷模”。蔡元培一生的言行，确有许多令人景仰的方面。然而更耐人寻味的是他的婚姻，百年前中国女子必须从一而终，夫死守节不嫁，社会尊为节妇，官府为立牌坊，举世遵从，然而蔡元培却独能破此俗，实在让人佩服。

怕老婆哲学 / 李宗吾

◎ 作者简介

李宗吾（1879—1943），自贡市自流井人。早年加入同盟会，长期从事教育工作，系四川大学教授，历任中学校长、省议员、省长署教育厅副厅长及省督学等职，1913 年被迫从成都返回自流井隐居。他愤世写出《厚黑学》一书，1943 年病逝。

大凡一国之成立，必有一定重心，我国号称礼教之邦，注重的就是五伦。古之圣人，于五伦中，特别提出一个“孝”字，以为百行之本，故曰：“事君不忠非孝也，朋友不信非孝也，战阵无勇非孝也。”全国重心在一个“孝”字上，因而产出种种文明，我国雄视东南亚数千年良非无因也。自从欧风东渐，一般学者大呼礼教是吃人的东西，首先打倒的就是孝字，全国失去重心，于是谋国就不忠了，朋友就不信了，战阵就无勇了，有了这种现象，国家焉得不衰落，外患焉得不欺凌？

我辈如想复兴中国，首先要寻出重心，然后才有措手的地方。请问：应以何者为重心？难道恢复“孝”字吗？这却不能，我国有谋学者，戊戌政变后，高唱君主立宪，后来袁世凯称帝，他首先出来反对，说道：“君主这个东西，等于庙中之菩萨，如有人把他丢在厕坑内，我们断不能洗净供起，只好另塑一个。”他这个说法，很有至理，父子间的“孝”字不能恢复，所以我辈爱国志士，应当另寻一个字，以代替古之“孝”字，这个字仍当在五伦中去寻。

五伦中君臣是革了命的，父子是平了权的，兄弟朋友之伦，更是早已抛弃了，犹幸五伦中尚有夫妇一伦，巍然独存。我们就应当把一切文化建筑在这一伦上，全国有了重心，才可以说复兴的话。

孩提之童，无不知爱其亲也，积爱成孝，所以古时的文化建筑在“孝”字上。世间的丈夫，无不爱其妻也，积爱成怕，所以今后的文化，应当建筑在“怕”字上。古人云：“天下岂有无父之国哉”，故“孝”字可以为全国重心，同时可说，“天下岂有无妻之国哉”，故“怕”字也可以为全国重心，这其间有甚深的哲理，诸君应当细细研究。

我们四川的文化，无一不落后，唯怕学一门，是很可以自豪的。河东狮吼，是怕学界的佳话，此事就出在我们四川。其人为谁？即是苏东坡所作《方山子传》上的陈季常。他是四川青神人，与东坡为内亲。他怕老婆的状态，东坡所深知，故作诗赞美之曰：“忽闻河东狮子吼，拄杖落手心茫然。”四川出了这种伟人，是应当特别替他表扬的。

我们读《方山子传》，只知他是高人逸士，谁知他才是怕老婆的祖师。由此知：怕老婆这件事，要高人逸士才做得来，也可说：因为怕老婆才成为高人逸士。《方山子传》有曰："环堵萧然，而妻子奴婢，皆有自得之意。"俨然瞽腴底豫气象。天下无不是的父母，亦无不是的妻子，虞舜遭着父顽母嚣，从"孝"字做功夫，家庭卒收底豫之效；陈季常遭着河东狮吼，从"怕"字做功夫，闺房中卒收怡然自得之效，真可为万世师法。

怕老婆这件事，不但要高人逸士才做得来，并且要英雄豪杰才做得来。怕学界的先知先觉，要首推刘先生，以发明家而兼实行家。他新婚之夜，就向孙夫人下跪，后来困处东吴，每遇着不了的事，就守着老婆痛哭，而且常常下跪，无不逢凶化吉，遇难呈祥。他发明这种技术，真可谓渡尽无边苦海中的男子。诸君如遇河东狮吼的时候，把刘先生的法宝取出来，包管闺房中呈祥和之气，其乐也融融，其乐也泄泄。君子曰，刘先生纯怕也，怕其妻施及后人。怕经曰："怕夫不匮，永锡尔类"，其斯之谓欤。

陈季常生在四川。刘先生之坟墓，至今尚在成都南门外。陈刘二公之后，流风余韵，愈传愈广，"怕"之一字，成了四川的省粹。我历数朋辈交游中，官之越大者，怕老婆的程度越深，几乎成为正比例。诸君闭目细想，当知敝言不谬。我希望外省到四川的朋友仔仔细细，领教我们的怕学，辗转传播，把四川的省粹，变而为中华民国的国粹，那么，中国就可称雄了。

爱亲爱国爱妻，原是一理。心中有了爱，表现出来，在亲为孝，在国为忠，在妻为怕，名词虽不同，实际则一也。非读书明理之士，不知道忠孝，同时非读书明理之士，不知道怕。乡间小民，往往将其妻生捶死打，其人率皆蠢蠢如鹿豕，是其明证。

旧礼教注重“忠孝”二字，新礼教注重“怕”字，我们如说某人怕老婆，无异于之为忠臣孝子，是很光荣的。孝亲者为“孝子”，忠君者为“忠臣”，怕老婆者当名“怕夫”。旧日史书有“忠臣传”，有“孝子传”，将来民国的史书，一定要立“怕夫传”。

一般人都说四川是民族复兴根据地，我们既负了重大使命，希望外省的朋友，协同努力，把四川的省粹，发扬光大，成为全国的重心，才可收拾时局，重整山河，这是可用史事来证明的。

东晋而后，南北对峙，历宋齐梁陈，直到文帝出来，才把南北统一，而隋文帝就是最怕老婆的人。有一天独孤皇后发了怒，文帝吓坏了，跑进山中，躲了两天，经大臣杨素诸人，把皇后的话说好了，才敢回来。兵法曰：“守如处女，出若脱兔。”怕经曰：“见妻如鼠，见敌如虎。”隋文帝之统一天下也宜哉！闺房中见了老婆，如鼠子见了猫儿，此守如处女之说也；战阵上见了敌人，如猛虎之见群羊，此出如脱兔之说也。聊斋有曰：“将军气同雷电，一人中庭，顿归无何有之乡；大人面若冰霜，比到寝门，遂有不堪问之处。”唯其入中庭而无何有，才能气同雷电，唯其到寝门而不堪问，才能面若冰霜，彼蒲松龄乌足知之。

隋末天下大乱，唐太宗出来，扫平群雄，平一海内。他用的谋臣，是房玄龄。史称房谋杜断，房是极善筹谋之人，独受着他夫人之压迫，无法可施，忽然想到：唐太宗是当今天子，当然可以制服她，就诉诸太宗。太宗说：“你喊她来，等我处置她。”哪知房太太几句话，就说得太宗哑口无言，私下对玄龄道：“你这位太太，我见了都害怕，此后你好好服从她的命令就是了。”太宗见了臣子的老婆都害怕，真不愧开国明君。当今之世，有志削平大难者，他幕府中总宜多延请几个房玄龄。

我国历史上，不但要怕老婆的人才能统一全国，就是偏安一隅，也非有老婆的人，不能支持危局。从前东晋偏安，全靠王导谢安，而他二人，都是怕学界的先进。王导身为宰相，兼充清谈会主席，有天手持麈（zhǔ）尾，坐在主席位上，正谈得高兴，忽报道：“夫人来了。”他连忙跳上犊车就跑，把麈柄颠转过来，用柄将牛儿乱打。无奈牛儿太远，麈柄太短，王丞相急得没法。后来天子以王导功大，加他九锡，中有两件最特别之物，曰：“短辕犊”，“长柄麈”。从此以后王丞相出来，牛儿挨得近近的，手中麈柄是长长的，成为千古美谈。孟子曰：“孤臣孽子，其操心也危，其虑患也深，故达。”王丞相对于他的夫人，真可谓孤臣孽子了，宜其事功彪炳。

苻坚以百万之师伐晋，谢安围棋别墅，不动声色，把苻坚杀得大败，其得力全在一个“怕”字。“周婆制礼”这个典故，诸君想还记得. 谢安的太太，把周公制下的礼改了，用以约束丈夫。谢安在他夫人名下，受过这种严格教育，养成泰山崩于前而色不变的习惯，苻坚怎是他的敌手。

苻坚伐晋，张夫人再三苦谏，他怒道：“国家大事，岂妇人女子所能知。”这可谓不怕老婆了，后来淝水一战，望见八公山上草木，就面有惧色，听见风声鹤唳，皆以为晋兵，他胆子怯得个这样，就是由于根本上欠了修养的缘故。观于谢安苻坚，一成功，一失败，可以憬然悟矣。

有人说外患这样的猖獗，如果再提倡怕学，养成怕的习惯，日本一来，以怕老婆者怕之，岂不亡国吗？这却不然。从前有位大将，很怕老婆，有天愤然道：“我怕她做甚？”传下将令，点集大小三军，令人喊他夫人出来，他夫人厉声道：“喊我何事？”

他惶恐伏地道：“请夫人出来阅操。”我多方考证，才知道这是明朝戚继光的事。继光行军极严，他儿子犯了军令，把他斩了，夫人寻他大闹，他自知理亏，就养成怕老婆的习惯。谁知这一怕反把胆子吓大了，以后日本兵来，就成为抗日的英雄。因为日本虽可怕，总不及老婆之可怕，所以他敢于出战。诸君读过希腊史，都想知道斯巴达每逢男子出征，妻子就对他说道：“你不战胜归来，不许见我之面。”一个个奋勇杀敌，斯巴达以一蕞尔小国，遂崛起称雄，倘平日没有养成怕老婆的习惯，怎能收此良果?

读者诸君，假如你的太太，对于你，施下最严酷的压力，你必须敬谨承受，才能忍辱负重，担当国家大事，这是王导、谢安、戚继光诸人成功秘诀。如其不然，定遭失败。唐朝黄巢造反，朝廷命某公督师征剿。夫人在家，收拾行李，向他大营而来。他听了愁眉不展，向幕僚说道：“夫人闻将南来，黄巢又将北上，为之奈何?”幕僚道：“为公计，不如投降黄巢的好。”此公卒以兵败伏法。假令他有胆量去迎接夫人，一定有胆量去抵抗黄巢，绝不会失败。

我们现处这个环境，对日本谈抗战，对国际方面，谈外交手腕，讲到外交，也非怕学界中人，不能胜任愉快。我国外交人才，李鸿章为第一。鸿章以其女许张佩伦为妻，佩伦年已四十，鸿章夫人，嫌他人老，寻着鸿章大闹。他埋头忍气，慢慢设法，把夫人的话说好，卒将其女嫁与佩伦。你想，夫人的交涉都办得好，外国人的交涉，怎么办不好？所以八国联军，那么困难的交涉，鸿章能够一手包办而成。

基于上面的研究，我们应赶紧成立一种学会，专门研究怕老婆的哲学，造就些人才，以备国家缓急之用。旧礼教重在“孝”字上，新礼教，重在“怕”字上。古人求忠臣于孝子之门，今后当求烈士于怕夫之门。孔子提倡旧礼教，曾著了一部《孝经》，敝人忝任“黑厚教主”，有提倡新礼教的责任，特著一部《怕经》，希望诸君，不必高谈“裁轟”，只把我的《怕经》，早夜虔诵百遍就是了。

教主曰：夫怕，天之经也，地之义也，民之行也。五刑之属三千，而罪莫大于不怕。

教主曰：其为人也怕妻，而敢于在外为非者鲜矣。人人不敢为非，而谓国之不兴者，未之有也。君子务本，本立而道生，怕妻也者，其复兴中国之本欤！

教主曰：唯大人为能有怕妻之心，一怕妻而国本定矣。

教主曰：怕学之道，在止于至善，为人妻止于严，为人夫止于怕。家人有严君焉，妻之谓也。妻发令于内，夫奔走于外，天地大义也。

教主曰：大哉妻之为道也，巍巍唯天为大，唯妻则之，荡荡乎无能名焉，不识不知，顺妻之则。

教主曰：行之而不着焉，习矣而不察焉，终身怕妻，而不知为怕者众矣。

教主曰：君子见妻之怒也，食旨不甘，闻乐不乐，居处不安，必诚必敬，勿之有触焉耳矣。

教主曰：妻子有过，下气怡声柔色以谏，谏若不入，起敬起长；三谏不听，则号泣而随之；妻子怒不悦，挞之流血，不教疾怨，起敬起畏。

教主曰：为人夫者，朝出而不归，则妻倚门而望，暮出而不归，则妻倚闾（lǘ）而望。是以妻子在，不远游，游必有方。

教主曰：君子之事也，视于无形，听于无声。入闺房，鞠躬如也。不命之坐，不敢坐；不命之退，不敢退。妻忧亦忧，妻喜亦喜。

教主曰：谋国不忠非怕也，朋友不信非怕也，战阵无勇非怕也。一举足而不敢忘妻子，一出言而不敢忘妻子。将为善，思贻妻子令名，必果；将为不善，思贻妻子羞辱，必不果。

教主曰：妻子者，丈夫所指而终身者也。身体发肤，属诸妻子，不敢毁伤，怕之始也；立身行道，扬名于后世，以显妻子，怕之终也。

右经十二章，为怕学入道之门，其味无穷。为夫者，玩索而有得焉，则终身用之，有不能尽者矣。

新礼教夫妻一伦，等于旧礼教父子一伦，孔子说了一句“为人止于孝”，同时就说“为人父止于慈”，必要这样，才能双方兼顾。所以敝人说：“为人夫止于怕”，必须说“为人妻止于严”，也要双方兼顾。

现在许多人高唱“贤妻良母”的说法，女同志不大满意，这未免误解了。“贤妻良母”四字，是顺串而下，不是二者平列。贤妻即是良母，妻道也，而母道存焉。人子幼时，受父母之抚育，稍长出外就傅，受师保之教育，壮而有实，则又举而属诸妻子。故妻之一身，实兼有父母师保之责任，岂能随随便便，漫不经意吗？妻为夫纲，我女同志，能卸去此种责任吗？

男之有也。

心路花语

李宗吾先生不但从历史上探讨出怕老婆哲学的基础，而且从当代政治舞台人物身上去考察，获得此结论曰：凡官级越高的，怕老婆的程度也越深，官级和害怕的程度，几乎成正比。于是，由古今事实，厚黑教主乃归纳出若干定理，名之曰“怕经”，以行后世。

此文后附“怕经”以比儒学的孝经，这种对圣崽们的冒犯，可说是尖锐之极。他自己怕不怕老婆，我们不知道，但他却是极力提倡朋友们应设立“怕学研究会”的，其见识诚高人一筹。

第五辑
生活像一条流淌的河

一个一生积极奋进的人，在生命的尽头，还会觉得来到这个世界上，还没有奉献出自己的全部，还为有许多事情没有做而感到遗憾。一个享乐主义的人，在离去之前，为自己一生碌碌无为而内疚。一个犯罪的人，到生命的尽头才认识到罪孽深重，在离去之时忏悔不已。生命只有一次。碌碌无为是一生，奋发上进也是一生。让这一生活得有意义，不枉来人世间一次，就应该将活着的每一天都当作是生命的最后一天。

一片红叶 / 石评梅

◎ 作者简介

石评梅（1902—1928），中国近现代女作家，“民国四大才女”之一。曾在《雨丝》、《文学》等报刊上发表诗歌、小说、剧本等，其作品有鲁隐等编辑成《涛语》、《偶然草》两个集子。

这是一个凄风苦雨的深夜。

一切都寂静了，只有雨点落在蕉叶上，淅淅沥沥令人听着心碎。这大概是宇宙的心音吧，它在这人静夜深时候哀哀地泣诉！

窗外缓一阵紧一阵的雨声，听着像战场上金鼓般雄壮，错错落落似鼓桴敲着的迅速，又如风儿吹乱了柳丝般的细雨，只洒湿了几朵含苞未放的黄菊。这时我握着破笔，对着灯光默想，往事的影儿轻轻在我心幕上颤动，我忽然放下破笔，开开抽屉拿出一本红色书皮的日记来，一页一页翻出一片红叶。这是一片鲜艳如玫瑰的红叶，它挟在我这日记本里已经两个月了。往日我为了一种躲避从来不敢看它，因为它是一个灵魂孕育的产儿，同时它又是悲惨命运的纽结。谁能想到薄薄的一片红叶，里面纤织着不可解决的生谜和死谜呢！我已经是泣伏在红叶下的俘虏，但我绝不怨及它，可怜在万千飘落的枫叶里，它衔带了这样不幸的命运。我告诉你们它是怎样来的：

一九二三年十月廿六的夜里，我翻读着一本《莫愁湖志》，有些倦意，遂躺在沙发上假睡；这时白菊正在案头开着，窗纱透进的清风把花香一阵阵吹在我脸上，我微嗅着这花香不知是沉睡，还是微醉！懒松松的似乎有许多回忆的燕儿，飞掠过心海激动着神思的颤动。我正沉恋着逝去的童年之梦，这梦曾产生了金坚玉洁的友情、不可掠夺的铁志；我想到那轻渺渺像云天飞鸿般的前途时，不自禁地微笑了！睁开眼见菊花都低了头，我忽然担心它们的命运，似乎它们已一步一步走近了坟墓，死神已悄悄张着黑翼在那里接引，我的心充满了莫名的悲绪！

大概已是夜里十点钟，小丫头进来递给我一封信，拆开时是一张白纸，拿到手里从里面飘落下一片红叶。“呵！一片红叶！”我不自禁地喊出来。怔愣了半天，用抖颤的手捡起来一看，上边写着两行字：

满山秋色关不住
一片红叶寄相思

平静的心湖，悄悄被夜风吹皱了，一波一浪汹涌着像狂风统治了的大海。我伏在案上静静地想，马上许多的忧愁集在我的眉峰。我真未料到一个平常的相识，竟对我有这样一番不能抑制的热情。只是我对不住他，我不能受他的红叶。为了我的素志我不能承受它，承受了我怎样安慰他；为了我没有一颗心给他，承受了如何忍心欺骗他。我即使不为自己设想，但是我怎能不为他设想。因之我陷入如焚的烦闷里。

在这黑暗阴森的夜幕下，窗下蝙蝠飞掠过的声音，更令我觉着战栗！我揭起窗纱见月华满地，斑驳的树影死卧在地下不动，特别现出宇宙的清冷和幽静。我遂添了一件夹衣，推开门走到院里，迎面一股清风已将我心胸中一切的烦念吹净。无目的走了几圈后，遂坐在茅亭里看月亮，那凄清皎洁的银辉，令我对世界感到了空寂。坐了一会儿，我回到房里蘸饱了笔，在红叶的反面写了几个字是：

枯萎的花篮不敢承受这鲜红的叶儿。

仍用原来包着的那张白纸包好，写了个信封寄还他。这一朵初开的花蕾，马上让我用手给揉碎了。为了这事他曾感到极度的伤心，但是他并未因我的拒绝而中止。他死之后，我去兰辛那里整理他箱子内的信件，那封信忽然又发现在我眼前！拆开红叶依然，他和我的墨泽都依然在上边，只是中间裂了一道缝，红叶已枯干了。我看见它心中如刀割，虽然我在他生前拒绝了不承受的，在他死后我觉着这一片红叶，就是他生命的象征。上帝允许我的祈求罢！我生前拒绝了他的我在他死后依然承受他，红叶纵然能去了又来，但是他呢！是永远不能回来了，只剩了这一片志恨千古的红叶，依然无恙地伴着我，当我抖颤地用手捡起它寄给我时的心情，愿永远留在这鲜红的叶里。

天辛采自西山碧云寺十月二十四日

心路花语

生命是最值得怀恋和珍惜。当我们活着的时候，就应该珍惜生命中的每一天，珍惜温暖的阳光，呼吸清新的空气，珍惜身边的每一个人，更应该珍爱自己，享受生命的过程。

本文仿佛由一串串泪珠组成，既表现了对真挚爱情的追求，又充满了对既崇敬又心爱的人的真挚缅怀。

悠闲生活的时尚 / 林语堂

要享受悠闲的生活，所费是不多的。

中国人之爱悠闲，有着很多交织着的原因。中国人的性情，是经过了文学的熏陶和哲学的认可的。这种爱悠闲的性情是由于酷爱人生而产生的，并受了历代浪漫文学潜流的激荡，最后又由一种人生哲学——大体上可称它为道家哲学——承认它为合理近情的态度。

中国人能囫囵地接受这种道家的人生观，可见他们的血液中原有着道家哲学的种子。

有一点我们须先行加以澄清，这种消闲的浪漫崇尚（我们已说过它是空闲的产物），绝不是我们一般想象中的那些有产阶级者的享受。那种观念是绝对错误的。我们要明了，这种悠闲生活是穷困潦倒的文士所崇尚的，他们中有的是生性喜爱悠闲的生活，有的是不得不如此。当我读中国的文学杰作时，或当我想到那些穷教师们拿了称颂悠闲生活的诗文去教穷弟子时，我不禁要想他们一定在这些著作中获得很大的满足和精神上的安慰，所谓“盛名多累，隐逸多适”，这些话在那些应试落第的人听来是很听得进的；还有什么“晚食可以当肉”这一类的俗语，在养不起家的人即可以解嘲。有些中国青年作家们诋责苏东坡和陶渊明等为罪恶的有闲阶级的知识分子，这可说是文学批评史上的最大错误了。苏东坡的诗中不过写了一些“江上清风”及“山间明月”，陶渊明的诗中不过是说了一些“夕露沾我衣”及“鸡鸣桑树颠”，难道江上清风、山间明月和桑树颠的鸡鸣只有资产阶级才能占有吗？这些古代的名人并不是空口白话地谈论着农村的情形，他们是躬亲过着穷苦的农夫生活，在农村生活中得到了和平与和谐的。

这样说来，这种消闲的浪漫崇尚，我以为根本是平民化的。我们只要想象英国大小说家劳伦斯·斯特恩在他有感触的旅程上的情景，或是想象英国大诗人华兹华斯和科勒律治他们徒步游欧洲，心胸中蕴着伟大的美的观念，而袋里不名一文。我想到这些，对于这些个浪漫主义就比较了解了。一个人不一定要有钱才可以旅行，就是在今日，旅行也不一定非得是富家的奢侈生活。总之，享受悠闲生活当然比享受奢侈生活便宜得多。要享受悠闲的生活只要有一种艺术家的性情，在一种全然悠闲的情绪中，去消遣一个闲暇无事的下午。正如梭罗在《沃尔登》里所说的，要享受悠闲的生活，所费是不多的。

笼统来说，中国的浪漫主义者都具有锐敏的感觉和爱好漂泊的天性，虽然在物质生活上露着穷苦的样子，但情感却很丰富。他们深切爱好人生，所以宁愿辞官弃禄，不愿心为形役。在中国，消闲生活并不是富有者、有权势者和成功者独有的权利（美国的成功者更加匆忙了），而是那种高尚自负的心情的产物，这种高尚自负的心情极像那种西方的流浪者的尊严的观念，这种流浪者骄傲自负到不肯去请教人家，自立到不愿意去工作，聪明到不把周遭的世事看得太认真。这种样子的心情是由一种超脱俗世的意识而产生，并和这种意识自然地联系着的；也可说是由那种看透人生的野心、愚蠢和名利的诱惑而产生出来的。那个把他的人格看得比事业的成就来得重大，把他的灵魂看得比名利更紧要的高尚自负的学者，大家都认为他是中国文学上最崇高的理想。他显然是一个极简朴地去过生活而且鄙视俗世功名的人。

这一类的大文学家——陶渊明、苏东坡、白居易、袁中郎、袁子才——都曾度过一个短时的官场生活，政绩都很优良，但都为了厌倦那种磕头迎送的勾当，而甘心弃官辞禄，回到老家去过退隐生活。当袁中郎做着苏州的知县时，曾对上司一连上了七封辞呈，表示他不愿做这种磕头的勾当，要求辞职，以便可以回家去过自由自在的生活。

另外的一位诗人白玉蟾，他把他的书斋题名“慵庵”，对悠闲的生活竭尽称赞的能事：

丹经慵读，道不在书；
藏教慵览，道之皮肤。
至道之要，贵乎清虚，
何谓清虚？终日如愚。
有诗慵吟，句外肠枯；
有琴慵弹，弦外韵孤；
有酒慵饮，醉外江湖；
有棋慵弈，意外干戈。
慵观溪山，内有画图；
慵对风月，内有蓬壶；
慵陪世事，内有田庐；
慵问寒暑，内有神都。
松柏石烂，我常如如。
谓之慵庵，不亦可乎？

从上面的称赞看来，这种悠闲的生活，也必须要有一个恬静的心地和乐天旷达的观念，以及一个能尽情玩赏大自然的胸怀方能享受。诗人及学者常常自题了一些稀奇古怪的别号，如江湖客（杜甫）、东坡居士（苏东坡）、烟湖散人、襟霞阁老人等。

没有金钱也能享受悠闲的生活。有钱的人不一定能真正领略悠闲生活的乐趣，那些轻视钱财的人才真懂得此中的乐趣。他须有丰富的心灵，有俭朴生活的爱好，对于生财之道不大在心，这样的人才有资格享受悠闲的生活。如果一个人真犳要享受人生，人生是尽够他享受的。一般人不能领略这个尘世生活的乐趣，那是因为他们不深爱人生，把生活弄得平凡、刻板而无聊。有人说老子是嫉恶人生的，这话绝对不对，我认为老子所以要鄙弃俗世生活，正因为他太爱人生，不愿使生活变成“为生活而生活”。

有爱必有妒，一个热爱人生的人，对于他应享受的那些快乐的时光，一定爱惜非常，然而同时却又须保持流浪汉特有的那种尊严和傲慢，甚至他的垂钓时间也和他的办公时间一样神圣不可侵犯而成为一种教规，好像英国人把游戏当做教规一样地郑重其事。他对于别人在高尔夫球总会中同他谈论股票的市况，一定会像一个科学家在实验室中受到人家骚扰那样觉得厌恶。他一定时常计算着再有几天春天就要消逝了，为了不曾做几次遨游而心中感到悲哀和懊丧，像一个市侩懊恼今天少卖出一些货物一样。

心路花语

悠闲，是闲云野鹤般来去自由的状态，是“坐看云起”的洒脱和超然，是性情经过洗练后显现的质朴，是生命本体的一种自然境界。这是涤荡一切世俗尘埃之后，生命本体的一种娱乐、一种愉悦、一种大自在。悠闲的入口处，拒绝尘世的一切利名、贪婪、浮躁、恐惧、嫉妒、野心等俗念，心境空明澄澈如无物，方能达到悠闲的境界。

真切闲适的文风，独特凝重的格调，超脱悠闲的心境，平淡自然的话语，精深睿智的思索，使本文不愧是一席阅读的盛宴！

灯 / 巴金

◎ 作者简介

巴金（1904—2005），原名李尧棠，现代文学家、出版家、翻译家。同时也被誉为“五四”新文化运动以来最有影响的作家之一，是20世纪中国杰出的文学大师、中国当代文坛的巨匠。代表作品有《家》、《春》、《秋》等。

我半夜从噩梦中惊醒，感觉到室闷，便起来到廊上去呼吸寒夜的空气。

夜是漆黑的一片，在我的脚下仿佛横着沉睡的大海，但是渐渐地像浪花似地浮起来灰白色的马路。然后夜的黑色逐渐减淡。哪里是山，哪里是房屋，哪里是菜园，我终于分辨出来了。

在右边，傍山建筑的几处平房里射出来几点灯光，它们给我扫淡了黑暗的颜色。

我望着这些灯，灯光带着昏黄色，似乎还在寒气的袭击中微微颤抖。有一两次我以为灯会灭了。但是一转眼昏黄色的光又在前面亮起来。这些深夜还燃着的灯，它们（似乎只有它们）默默地在散布一点点的光和热，不仅给我，而且还给那些寒夜里不能睡眠的人，和那些这时候还在黑暗中摸索的行路人。是的，那边不是起了一阵急促的脚步声吗？谁从城里走回乡下来了？过了一会儿，一个黑影在我眼前晃一下。影子走得极快，好像在跑，又像在溜，我了解这个人急忙赶回家去的心情。那么，我想，在这个人的眼里、心上，前面那些灯光会显得是更明亮、更温暖吧。

我自己也有过这样的经验。只有一点微弱的灯光，就是那一点仿佛随时都会被黑暗扑灭的灯光也可以鼓舞我多走一段长长的路。大片的飞雪飘打在我的脸上，我的皮鞋不时陷在泥泞的土路中，风几次要把我摔倒在污泥里。我似乎走进了一个迷阵，永远找不到出口，看不见路的尽头。但是我始终挺起身子向前迈步，因为我看见了一点豆大的灯光。灯光，不管是哪个人家的灯光，都可以给行人——甚至像我这样的一个异乡人——指路。

这已经是许多年前的事了。我的生活中有过了好些大的变化。现在我站在廊上望山脚的灯光，那灯光跟好些年前的灯光不是同样的么？我看不出一点分别！为什么？我现在不是安安静静地站在自己楼房前面的廊上么？我并没有在雨中摸夜路。但是看见灯光，我却忽然感到安慰，得到鼓舞。难道是我的心在黑夜里徘徊；它被噩梦引入了迷阵，到这时才找到归路？

我对自己的这个疑问不能够给一个确定的回答。但是我知道我的心渐渐地安定了，呼吸也畅快了许多。我应该感谢这些我不知道姓名的人家的灯光。

他们点灯不是为我，在他们的梦寐中也不会出现我的影子。但是我的心仍然得到了益处。我爱这样的灯光。几盏灯甚或一盏灯的微光固然不能照彻黑暗，可是它也会给寒夜里一些不眠的人带来一点勇气，一点温暖。

孤寂的海上的灯塔挽救了许多船只的沉没，任何航行的船只都可以得到那灯光的指引。哈里希岛上的姐姐为着弟弟点在窗前的长夜孤灯，虽然不曾唤回那个航海远去的弟弟，可是不少捕鱼归来的邻人都得到了它的帮助。

再回溯到远古的年代去。古希腊女教士希洛点燃的火炬照亮了每夜泅过海峡来的利安得尔的眼睛。有一个夜晚暴风雨把火炬弄灭了，让那个勇敢的情人溺死在海里。但是熊熊的火光至今还隐约地亮在我们的眼前，似乎那火炬并没有跟着殉情的古美人永沉海底。

这些光都不是为我燃着的，可是连我也分到了它们的一点恩泽——一点光，一点热。光驱散了我心灵里的黑暗，热促成它的发育。一个朋友说："我们不是单靠吃米活着。"我自然也是如此。我的心常常在黑暗的海上漂浮，要不是得着灯光的指引，它有一天也会永沉海底。

我想起了另一位友人的故事：他怀着满心难治的伤痛和必死之心，投到江南的一条河里。到了水中，他听见一声叫喊（"救人啊!"），看见一点灯光，模糊中他还听见一阵喧闹，以后便失去知觉。醒过来时他发觉自己躺在一个陌生人的家中，桌上一盏油灯，眼前几张诚恳、亲切的脸。"这人间毕竟还有温暖，"他感激地想着，从此他改变了生活态度。

“绝望”没有了，“悲观”消失了，他成了一个热爱生命的积极的人。这已经是二三十年前的事了。我最近还见到这位朋友。那一点灯光居然鼓舞一个出门求死的人多活了这许多年，而且使他到现在还活得健壮。我没有跟他重谈起灯光的话。但是我想，那一点微光一定还在他的心灵中摇晃。

在这人间，灯光是不会灭的——我想着，想着，不觉对着山那边微笑了。

心路花语

黑夜里的灯光可能很昏黄，也可能很不起眼。但是对于孤独的人，对于正在黑夜中前行的人，它却有着很重要的意义。它意味着一种鼓舞，一种安慰，一种指示，一种帮助……“在这人间，灯光是不会灭的。”孩子们，读完这篇文章，你应该已经领悟到了灯光的意义了吧，那么，学着点一盏灯吧，不仅可以照亮自己，还可以温暖正渴求灯光的人！

巴金先生的文章文字简约，内蕴深厚，风格恬淡，饱含丰富的人文主义色彩。用心体会这盏闪烁着人性光辉的灯吧。

我所知道的康桥（节选） / 徐志摩

◎ 作者简介

徐志摩（1897—1931），中国现代诗人、散文家，新月派代表诗人，新月诗社成员。1921 年赴英国留学，入剑桥大学当特别生，研究政治经济学。在剑桥两年深受西方教育的熏陶及欧美浪漫主义和唯美派诗人的影响。著有诗歌集《志摩的诗》、《翡冷翠的一夜》、《猛虎集》，散文集有《落叶》、《秋》等。

住惯城市的人不易知道季候的变迁。看见叶子掉知道是秋，看见叶子绿知道是春；天冷了装炉子，天热了拆炉子；脱下棉袍，换上夹袍，脱下夹袍，穿上单袍：不过如此罢了。天上星斗的消息，地下泥土里的消息，空中风吹的消息，都不关我们的事。忙着哪，这样那样事情多着，谁耐烦管星星的移转，花草的消长，风云的变幻？同时我们抱怨我们的生活、苦痛、烦闷、拘束、枯燥，谁肯承认做人是快乐？谁不多少间诅咒人生？

但不满意的生活大都是由于自取的。我是一个生命的信仰者，我信生活绝不是我们大多数人仅仅从自身经验推得的那样暗惨。我们的病根是在“忘本”。人是自然的产儿，就比枝头的花与鸟是自然的产儿；但我们不幸是文明人，入世深似一天，离自然远似一天。离开了泥土的花草，离开了水的鱼，能快活吗？能生存吗？从大自然，我们取得我们的生命；从大自然，我们应分取得我们继续的资养。哪一株婆娑的大木没有盘错的根底深入在无尽藏的地里？我们是永远不能独立的。有幸福是永远不离母亲抚育的孩子，有健康是永远接近自然的人们。不必一定与鹿豕游，不必一定回“洞府”去；为医治我们当前生活的枯窘，只要“不完全遗忘自然”一张轻淡的药方，我们的病象就有缓和的希望。在青草里打几个滚，到海水里洗几次浴，到高处去看几次朝霞与晚照——你肩背上的负担就会轻松了去的。

这是极肤浅的道理，当然。但我要没有过过康桥的日子，我就不会有这样的自信。我这一辈子就只那一春，说也真可怜，算是不曾虚度。就只那一春，我的生活是自然的，是真愉快的！（虽则碰巧那也是我最感受人生痛苦的时期。）我那时有的是闲暇，有的是自由，有的是绝对单独的机会。说也奇怪，竟像是第一次，我辨认了星月的光明，草的青，花的香，流水的殷勤。我能忘记那初春的睥睨呢？

曾经有多少个清晨我独自冒着冷去薄霜铺地的林子里闲步——为听鸟语，为盼朝阳，为寻泥土里渐次苏醒的花草，为体会最微细最神妙的春信。啊，那是新来的画眉在那边凋不尽的青枝上试它的新声！啊，这是第一朵小雪球花挣出了半冻的地面！啊，这不是新来的潮润沾上了寂寞的柳条？

静极了，这朝来水溶溶的大道，只远处牛奶车的铃声，点缀这周遭的沉默。顺着这大道走去，走到尽头，再转入林子里的小径，往烟雾浓密处走去，头顶是交枝的榆荫，透露着漠楞楞的曙色；再往前走去，走尽这林子，当前是平坦的原野，望见了村舍，初青的麦田，更远三两个馒形的小山掩住了一条通道。天边是雾茫茫的，尖尖的黑影是近村的教寺。听，那晓钟和缓的清音。这一带是此邦中部的平原，地形像是海里的轻波，默沉沉的起伏；山岭是望不见的，有的是常青的草原与沃腴的田壤。登那土阜上望去，康桥只是一带茂林，拥戴着几处娉婷的尖阁。妩媚的康河也望不见踪迹，你只能循着那锦带似的林木想象那一流清浅。村舍与树林是这地盘上的棋子，有村舍处有佳荫，有佳荫处有村舍。这早起是看炊烟的时辰：朝雾渐渐的升起，揭开了这灰苍苍的天幕（最好是微霰后的光景），远近的炊烟，成丝的、成缕的、成卷的、轻快的、迟重的、浓灰的、淡青的、惨白的，在静定的朝气里渐渐的上腾，渐渐的不见，仿佛是朝来人们的祈祷，参差的翳入了天听。朝阳是难得见的，这初春的天气。但它来时是起早人莫大的愉快。顷刻间这田野添深了颜色，一层轻纱似的金粉糁上了这草，这树，这通道，这庄舍。顷刻间这周遭弥漫了清晨富丽的温柔。顷刻间你的心怀也分润了白天诞生的光荣。“春”！这胜利的晴空仿佛在你的耳边私语。“春”！你那快活的灵魂也仿佛在那里回响。

伺候着河上的风光，这春来一天有一天的消息。关心石上的苔痕，关心败草里的花鲜，关心这水流的缓急，关心水草的滋长，关心天上的云霞，关心新来的鸟语。怯伶伶的小雪球是探春信的小使。铃兰与香草是欢喜的初声。窈窕的莲馨，玲珑的石水仙，爱热闹的克罗克斯，耐辛苦的蒲公英与雏菊——这时候春光已是烂漫在人间，更不须殷勤问讯。

瑰丽的春放。这是你野游的时期。可爱的路政，这里不比中国，哪一处不是坦荡荡的大道？徒步是一个愉快，但骑自转车是一个更大的愉快，在康桥骑车是普遍的技术；妇人、稚子、老翁，一致享受这双轮舞的快乐。（在康桥听说自转车是不怕人偷的，就为人人都自己有车，没人要偷。）任你选一个方向，任你上一条通道，顺着这带草味的和风，放轮远去，保管你这半天的逍遥是你性灵的补剂。这道上有的是清荫与美草，随地都可以供你休憩。你如爱花，这里多的是锦绣似的草原。你如爱鸟，这里多的是巧啭的鸣禽。你如爱儿童，这乡间到处是可亲的稚子。你如爱人情，这里多的是不嫌远客的乡人，你到处可以“挂单”借宿，有酪浆与嫩薯供你饱餐，有夺目的果鲜恣你尝新。你如爱酒，这乡间每“望”都为你储有上好的新酿，黑啤如太浓，苹果酒、薑酒都是供你解渴润肺的。……带一卷书，走十里路，选一块清静地，看天，听鸟，读书，倦了时，和身在草绵绵处寻梦去——你能想象更适情更适性的消遣吗？

陆放翁有一联诗句“传呼快马迎新月，却上轻舆趁晚凉”，这是做地方官的风流。我在康桥时虽没马骑，没轿子坐，却也有我的风流：我常常在夕阳西晒时骑了车迎着天边扁大的日头直追。日头是追不到的，我没有夸父的荒诞，但晚景的温存却被我这样偷尝了不少。有三两幅画图似的经验至今还是栩栩的留着。只说看夕阳，我们平常只知道登山或是临海，但实际只需辽阔的天际，平地上的晚霞有时也是一样的神奇。有一次我赶到一个地方，手把着一家村庄的篱笆，隔着一大田的麦浪，看西天的变幻。有一次是正冲着一条宽广的大道，过来一大群羊，放草归来的，偌大的太阳在它们后背放射着万缕的金辉，天上却是乌青青的，只剩这不可逼视的威光中的一条大路，一群生物，我心头顿时感着神异性的压迫，我真的跪下了，对着这冉冉渐翳的金光。再有一次是更不可忘的奇景，那是临着一大片望不到头的草原，满开着艳红的罂粟，在青草里亭亭像是万盏的金灯，阳光从褐色云斜着过来，幻成一种异样紫色，透明似的不可逼视，刹那间在我迷眩了的视觉中，这草田变成了……不说也罢，说来你们也是不信的！

一别二年多了，康桥，谁知我这思乡的隐忧？也不想别的，我只要那晚钟撼动的黄昏，没遮拦的田野，独自斜倚在软草里，看第一个大星在天边出现！

心路花语

康桥是大自然赋予我们的礼物，是最自然的美，在康河的柔波中阅读，在明媚的春天里野游，是多么令人神往？人类本身就是自然的产物，只有回归自然才能找寻心灵的净土，才能享受美妙的人生。

徐志摩曾三次来到康桥。第一次是1921—1922年，他从美国来到剑桥大学研究院进修。剑桥所体现的英国式文明，形成了他所向往追求的康桥理想。他把康桥当做他“生命的源泉”、“精神的依恋之乡”。第二次1925年4月重游，归国后就写下了散文《我所知道的康桥》，来表现自己对剑桥的那种深深依恋之情。1928年第三次造访令他魂牵梦萦的康桥之后，于归国途中的11月6日在轮船上完成经典名作《再别康桥》。

匆匆 / 朱自清

燕子去了，有再来的时候；杨柳枯了，有再青的时候；桃花谢了，有再开的时候。但是，聪明的，你告诉我，我们的日子为什么一去不复返呢？——是有人偷了他们罢：那是谁？又藏在何处呢？是他们自己逃走了罢：现在又到了哪里呢？

我不知道他们给了我多少日子；但我的手确乎是渐渐空虚了。在心里默默算着，八千多日子已经从我手中溜去；像针尖上一滴水滴在大海里，我的日子滴在时间的流里，没有声音，也没有影子。我不禁头涔涔而泪潸潸了。

去的尽管去了，来的尽管来着；去来的中间，又怎样地匆匆呢？早上我起来的时候，小屋里射进两三方斜斜的太阳。太阳他有脚啊，轻轻悄悄地挪移了；我也茫茫然跟着旋转。于是——洗手的时候，日子从水盆里过去；吃饭的时候，日子从饭碗里过去；默默时，便从凝然的双眼前过去。我觉察他去的匆匆了，伸出手遮挽时，他又从遮挽着的手边过去，天黑时，我躺在床上，他便伶伶俐俐地从我身上跨过，从我脚边飞去了。等我睁开眼和太阳再见，这算又溜走了一日。我掩着面叹息。但是新来的日子的影儿又开始在叹息里闪过了。

在逃去如飞的日子里，在千门万户的世界里的我能做些什么呢？只有徘徊罢了，只有匆匆罢了；在八千多日的匆匆里，除徘徊外，又剩些什么呢？过去的日子如轻烟，被微风吹散了，如薄雾，被初阳蒸融了；我留着些什么痕迹呢？我何曾留着像游丝样的痕迹呢？我赤裸裸来到这世界，转眼间也将赤裸裸的回去罢？但不能平的，为什么偏要白白走这一遭啊？

你聪明的，告诉我，我们的日子为什么一去不复返呢？

心路花语

过去总归过去，又何必苦苦张望。人生在世本来就来去匆匆，生命中过客太多，只当是美丽的风景，欣赏过了，就够了。无奈、焦灼、惋惜都不能换回已经逝去的时间，眼前最有价值的不是为过去浪费的时间哀叹，也不是对未来时间的憧憬，而是珍惜时间，把握现在。

朱自清的散文以朴素缜密，清隽沉郁，语言洗练，文笔清丽，极富有真情实感而著称。此文为珍惜时间的名篇。

人生自然的节奏 / 林语堂

在我们的生活里，有那么一段时光，个人如此，国家亦复如此，在此一段时光之中，我们充满了早秋精神，这时，翠绿与金黄相混，悲伤与喜悦相杂，希望与回忆相间。在我们的生活里，有一段时光，这时，青春的天真成了记忆，夏日茂盛的回音，在空中还隐约可闻；这时看人生，问题不是如何发展，而是如何真正生活；不是如何奋斗操劳，而是如何享受自己拥有的那宝贵的刹那；不是如何去虚掷精力，而是如何储存这股精力以备寒冬之用。这时，感觉到自己已经到达一个地点，已经安定下来，已经找到自己心中向往的东西。这时，感觉到已经有所获得，和以往的堂皇茂盛相比，是可贵而微小，虽微小而毕竟不失为自己的收获，犹如秋日的树林里，虽然没有夏日的茂盛葱茏，但是所具有的却能经时而历久。

我爱春天，但是太年轻。我爱夏天，但是太气傲。所以我最爱秋天，因为秋天的叶子的颜色金黄，成熟，丰富，但是略带忧伤与死亡的预兆。其金黄色的丰富并不表示春季纯洁的无知，也不表示夏季强盛的威力，而是表示老年的成熟与蔼然可亲的智慧。生活的秋季，知道生命上的极限而感到满足。因为知道生命上的极限在丰富的经验之下，才有色调儿的调谐，其丰富永不可及，其绿色表示生命与力量，其橘色表示金黄的满足，其紫色表示顺天知命与死亡。月光照上秋日的林木，其容貌枯白而沉思；落日的余晖照上秋日的林木，还开怀而欢笑。清晨山间的微风扫过，使颤动的树叶轻松愉快地飘落于大地，无人确知落叶之歌，究竟是欢笑的歌声，还是离别的眼泪。因为是早秋的精神之歌，所以有宁静，有智慧，有成熟的精神，向忧愁微笑，向欢乐爽快的微风赞美。

心路花语

人的一生要经历生命四季的变换，每一个季节，都有独特的精彩。林语堂先生独爱秋之宁静、智慧、成熟、洒脱、适意、和谐、沉淀、丰富、茂盛……给了我们许多关于季节的启示。自然的节奏之中有一条规律，就是由童年，青年，老年，衰颓，以至死亡，一直支配着我们的身体。人生的故事，其实在每一个季节里都演绎着不同的内涵。唯一可行的科学态度是，顺其自然，与世界和谐共处。

脚步声 / 陆文夫

◎ 作者简介

陆文夫（1928—2005），江苏泰兴人，曾任苏州文联副主席、中国作家协会副主席等。在50年文学生涯中，他在小说、散文、文艺评论等方面都取得了卓越的成就，他以《献身》、《小贩世家》、《围墙》、《清高》、《美食家》等优秀作品和《小说门外谈》等文论集饮誉文坛，深受中外读者的喜爱。

我走过湖畔山林间的小路，山林中和小路上只有我；林鸟尚未归巢，松涛也因无风而暂时息怒……突然间听到自己的身后有脚步声，这声音不紧不慢，亦步亦趋，紧紧地跟随着我。我暗自吃惊，害怕在荒无人烟的丛林间碰上了剪径。回过头来一看：什么也没有，那声音是来于自己的脚步。

照理不应该被自己的脚步声吓住，因为在少年时我就在黑暗无人的旷野间听到过此种脚步。那时我住在江边的一个水陆码头上，那里没有学校，只有二里路外的村庄上有一位塾师在那里授馆，我只能去那里读书。那位塾师要求学生们苦读，即使不头悬梁、锥刺股，却也要“闻鸡起舞”，所谓闻鸡起舞就是在鸡鸣时分赶到学塾里去读早书。农村里没有钟，全靠鸡报时。“雄鸡一唱天下白”，那是诗句，实际上鸡叫头遍时只是曙色萌动，到天下大白还有一段黎明前的黑暗。我在这黑暗中向两华里之外的学塾走去，周围寂静无声，却听到身后有沙沙的脚步声，好像是谁尾随着我，回头看时却又什么也没有。那时以为是鬼，吓得向前飞奔，无论你奔得多快，那声音总是紧紧相随，你快它也快，你停它也停。奔到学塾里上气不接下气地告诉塾师，塾师睡在床上教导我说：

“你不要怕鬼，鬼不伤害读书人。你倒是要当心人，坏人会来剥你的衣裳，抢你的钱。”

老师的教导我终身不忘，多少年来我在黑暗的旷野中行走时从来不怕鬼、只怕人，怕人在暗地里给你一拳，或者是背后捅你一刀。不过，这种担心近年来也淡忘了，因为近年来我很少在黑暗的旷野中行走，也很少听到自己的脚步。

是的，我听不到自己的脚步声已有多年了，多年来在繁华的城市里可以听到各种各样奇妙的声响：有慷慨陈词，有喊喊私语，有无病的呻吟，也有无声的哭泣；有舞厅里重低音的轰鸣，也有警车呼啸着穿城而过……喧嚣，轰鸣，什么声音都有，谁还能听到自己的脚步？

要想听到自己的脚步声，好像必须是在寂寞的时候，在孤苦的时候，在泥泞中跋涉或是穿过荒郊与空林的时候，这时候你才能清晰地听到自己的脚步声：那么沉重，那么迟疑，那么拖沓而又疲惫；踯躅不前时你空有叹息，无故狂奔后又不停地喘息。那种脚步声能够清楚地告诉你，你在何处，你是从哪里来，又欲走向何处？那脚步声还会清楚地告诉你，它永远也不可能把你送到你心中的目的地。

在都市的喧嚣声中，凡夫俗子们不可能听到自己的脚步声，你一出门甚至不出门便可听到整个的世界有一种嗡嗡的轰鸣，分不清是哭是笑是哽咽，分不清是争吵不休还是举杯共饮，分不清是胡言乱语还是壮志凌云，分不清那事物到底是假是真，分不清来者是哪个星球上的人？弄到最后你自己也分不清自己了，人人都好像不是用自己的脚在走路，而是被一种看不见的力量在向前推。很难听得见自己的脚步声了，只听得耳边呼呼风响，眼面前车轮滚滚，你不知道是在何处，忘记了是从哪里来，又到哪里去？行动就是一切。

偶尔回到空寂的林间来了，又听到了自己的脚步声。听到这种声音的时候，似乎觉得有一股和煦的风，一股清冽的水穿过了心头。好像又回到了青少年时代，好像又回到了孤寂的时候。仔细听听，还是那从前的脚步声，悠闲而有些自信，只是声音变得更加轻微，还有点儿疲惫之意。是的，我从乡间走来，迈过泥泞的沼泽，走过碧野千里，那脚步当然会失去了原有的弹跳力，可它还是存在着，还是和我紧紧相随，有这一点也就聊以自慰。我不希望那脚步会把我送到我心中的目的地，那个目的地是永远也不会达到的，如果我能达到的话，后来者又何必去跋涉？

心中的目标虽然难以达到，脚步却也没有白费，每走一步都是有收获的。痛苦是一种收获，艰难是一种收获，哭泣也是一种必不可少的体验，要不然你怎么会知道欢乐、顺利和仰天大笑是什么滋味？能走总是美好的。我不敢多走了，在湖边的岩石上坐下来，想留下前面的路慢慢地走，不必那么急匆匆地一下子就走完。

太阳从不担心明天的路，一下子便走到了水天相接处，依偎在一座青山的旁边。我向湖中一看，突然看见有一条金色的光带铺在平静的湖水上，从日边一直铺到我面前，铺到我脚下的岩石边，像一条宽阔的金光大道，只要我一抬脚，就可以沿着这条金光大道一直走到日边，走到天的尽头，看起来路途也不遥远，走起来也十分方便。这种景象我见过多次了，它是一种诱惑、一种人生的畅想曲，好像生活的路就是一条金色的路，跃身而下就可以走到天的尽头，走到你心中设想的目的地。可你别忙，你只需呆呆地在岩石上多坐片刻，坐到太阳下沉之后，剩下的就只有一片白茫茫的湖水，你没有金光大道可走，还得靠那沉重的脚步老老实实地挪向前。

心路花语

幸福的人生并非只是享受美好的生活、拥有很多的钱财和拥有很高的地位，能真正认识自己并接受自己也是一种幸福。不依附权势，不贪求金钱，心静如水，无怨无争，脚踏实地，一声声坚实的脚步提醒着你，这也是一种惬意、幸福的人生。

陆文夫善于以小见大，用独特视角发现思想意蕴。“脚步声”这一平常得让人忽视的事物被作者采撷起来，再加以饱含智慧的语言，又着实蕴涵着人生的韵理在里面。

落花生 / 许地山

◎ 作者简介

许地山（1893—1941），现代作家、学者。名赞堃，字地山，笔名落花生。祖籍广东揭阳，生于台湾台南一个爱国志士的家庭。回大陆后落籍福建龙溪。1910 年中学毕业后曾任师范、中学教员。1917 年考入燕京大学文学院，1920 年毕业留校任教。期间与瞿秋白、郑振铎等人联合主办《新社会》旬刊，积极宣传革命。后终因劳累过度而病逝。许地山一生创作的文学作品多以闽、台、粤和东南亚、印度为背景，主要著作有《空山灵雨》、《缀网劳蛛》、《危巢坠简》、《道学史》、《达衷集》、《印度文学》；译著有《二十夜问》、《太阳底下降》、《孟加拉民间故事》等。

我们屋后有半亩隙地。母亲说："让它荒芜着怪可惜，既然你们那么爱吃花生，就辟来做花生园罢。"我们几姐弟和几个小丫头都很喜欢——买种的买种，动土的动土，灌园的灌园；过不了几个月，居然收获了！

妈妈说："今晚我们可以做一个收获节，也请你们爹爹来尝尝我们的新花生，如何？"我们都答应了。母亲把花生做成好几样的食品，还吩咐这节期要在园里的茅亭举行。

那晚上的天色不太好，可是爹爹也到来，实在很难得！爹爹说："你们爱吃花生么？"

我们都争着答应："爱！"

"谁能把花生的好处说出来？"

姐姐说："花生的气味很美。"

哥哥说："花生可以制油。"

我说："无论何等人都可以用贱价买他来吃；都喜欢吃他。这就是他的好处。"

爹爹说："花生的用处固然很多；但有一样是很可贵的。这小小的豆不像那好看的苹果、桃子、石榴，把它们的果实悬在枝上，鲜红嫩绿的颜色，令人一望而发生羡慕之心。他只把果子埋在地底，等到成熟，才容人把他挖出来。你们偶然看见一棵花生瑟缩地长在地上，不能立刻辨出他有没有果实，非得等到你接触他才能知道。"

我们都说："是的。"母亲也点点头。爹爹接下去说："所以你们要像花生，因为它是有用的，不是伟大、好看的东西。"我说："那么，人要做有用的人，不要做伟大、体面的人了。"爹爹说："这是我对于你们的希望。”

我们谈到夜阑才散，所有花生食品虽然没有了，然而父亲的话现在还印在我心版上。

心路花语

父亲赞美花生的话的深刻含义，懂得做人“要做有用的人，不要只做伟大、体面的人”。对他人有益、对社会有用，是一个人的真正价值，是一个人真正的“体面”。

论解嘲 / 林语堂

人生有时颇感寂寞，或遇到危难之境，人之心灵，却能发出妙用，一笑置之，于是又轻松下来。这是好的，也可以看出人之度量。古代名人，常有这样的度量，所以成其伟大。希腊大哲人苏格拉底，娶了姗蒂柏（Xantippe），她是有名的悍妇，常作河东狮吼。传说苏氏未娶之前，已经闻悍妇之名，然而苏氏还是娶她。他有解嘲的方法，说娶老婆有如御马，御驯马没有什么可学，娶个悍妇，于修身养性的功夫修炼大有补助。有一天家里吵闹不休，苏氏忍无可忍，只好出门。正到门口，他太太由屋顶倒一盆水下来，正正淋在他的头上。苏氏说：“我早晓得，雷之后必有甘霖。”真亏得这位哲学家雍容自若的态度。

林肯的老婆也是有名的，很泼辣，喜欢破口骂人。有一天一个送报的小孩子，十二三岁，不识道送报太迟，或有什么过失，遭到林肯太太百般恶骂，詈不绝口。小孩去向报馆老板哭诉，说她不该骂人过甚，以后他不肯到那家送报了。这是一个小城，于是老板向林肯提起这件小事。

林肯说：“算了吧！我能忍她十多年。这小孩子偶然挨骂一两顿，算什么?”这是林肯的解嘲。

中国有句老话，叫做“塞翁失马，焉知非福”。林肯以后成为总统，据他小城的律师同事赫恩顿（Herndon）写的传记，说是应归功于这位太太。赫恩顿书中说，林肯怪可怜的，每星期六半夜，大家由酒吧要回家时，独林肯一人不大愿意回家。所以林肯那副出人头地，简练机警，应对如流的口才，全是在酒吧中学来的。又苏格拉底也是家里不得安静看书，因此成一习惯，天天到市场去，站在街上谈空说理。因此乃开始“旅行派的哲学家”（Peripatetic School）的风气。他们讲学，不在书院，就在街头逢人问难驳诘。这一派哲学家的养成，也应归功于老婆。

关于这类的故事很多，尤其关于几个名人临终时的雅谑，这种修炼功夫，常人学不来的。苏格拉底之死，由柏拉图写来是最动人的故事。市政府说他巧辩惑众，贻误青年子弟，赐他服毒自尽。那夜他慷慨服毒，门人忍痛陪着，苏氏却从容阐发真理。最后他的名言是："想起来，我欠某人一只雄鸡未还。"叫他门人送去，不可忘记。这是他断气以前最后的一句话。金圣叹判死判，狱中发出的信，也是这一派。"花生米与豆腐干同嚼，大有火腿滋味"（大约如此）。历史上从容就义的人很多，不必列举。

西班牙有一传说：一个守礼甚谨的伯爵将死，一位朋友去看他。伯爵已经气喘不过来，但是那位访客还是刺刺不休长谈下去。伯爵只好忍着静听，到了最后关头，伯爵不耐烦对来客说："对不起，求先生原谅，让我此刻断气。"他翻身朝壁，就此善终。

我尝读耶稣最后一夜对他门徒的长谈，觉得这段动人的议论，尤胜过苏氏临终之言，而耶稣在十字架上临死之言："上帝啊，宽恕他们，因为他们所为，出于不知。"这是耶稣的伟大，出于人情所不能及。这与他一贯的作风相同："施之者比受之者有福。"可惜我们常人能知不能行，常做不到。

心路花语

生活难免会有不如意，同学朋友相处也难免会磕磕碰碰，当你放宽了心，原谅了那些曾经伤害过你的人的时候，你就会发现：以前的事情根本就不算什么，根本就没有人在刻意折磨你，而是你一直不肯放过自己。

时间 / 沈从文

一切存在严格地说都需要“时间”。时间证实一切，因为它改变一切。气候寒暑，草木枯荣，人从生到死，都不能缺少时间，都从时间上发生作用。

常说到“生命的意义”或“生命的价值”。其实一个人活下去真正的意义和价值，不过占有几十个年头的时间罢了。生前世界没有他，他是无意义和价值可言的，活到不能再活死掉了，他没有生命，他自然更无意义和价值可言。

正仿佛多数人的愚昧与少数人的聪明，对生命下的结论差不多都以为是“生命的意义同价值是活个几十年”，因此都肯定生活，那么吃、喝、睡觉、吵架、恋爱……活下去等待死，死后让棺木来装殓他，黄土来掩埋他，蛆虫来收拾他。

生命的意义解释的即如此单纯，“活下去、活着、倒下、死了”，未免太可怕了。因此，次一等的聪明人，同次一等的愚人，对生命的意义和价值找出第二种结论，就是“怎么样来耗费这几十个年头”。虽更肯定生活，那么吃、喝、睡觉、吵架、恋爱……然而生活得失取舍之间，到底就有了分歧，这分歧一看就明白的。大而言之，聪明人要理解生活，愚蠢人要习惯生活。聪明人以为目前并不完全好，一切应比目前更好，且竭力追求那个理想。愚蠢人对习惯完全满意，安于现状，保证习惯（在世俗观念上，这两种人称呼常常相反，安于习惯的被称为聪明人，怀抱理想的人却称愚蠢的家伙）。

两种人即同样有个“怎么来耗费这几十个年头”的打算，要从人与人之间寻找生存的意义和价值，即或择业相同，成就却不相同。同样想征服颜色线条做画家，同样想征服乐器音声做音乐家，同样想征服木石铜牙及其他材料做雕刻家，甚至于同样想征服人身行为做帝王，同样想征服人心信仰做思想家或教主，一切结果都不会相同。因此世界上有大诗人，同时也就有蹩脚诗人，有伟大的革命家，同时也有虚伪的革命家。至于两种人目的不同，择业不同，那就更一目了然了。

看出生命的意义和价值，原来如此如此，却想在生前死后使生命发生一点特殊意义和永久价值，心性绝顶聪明，为人却好像傻头傻脑，历史上的释迦、孔子、耶稣，就是这种人。这种人或出世、或入世，或革命、或复古，活下来都显得很愚蠢，死后却显得很伟大。屈原算得这种人另外一格，历史上这种情况可并不多。可是每一时间或产生一个两个，就很像样子了。这种人自然也只能活个几十年，可是他的观念、他的意见、他的风度、他的文章却可以活在人类的记忆中几千年。一切人的生命都有时间的限制，这种人的生命又似乎不大受这种限制。

话说回来，万事万物需要时间证明，可是时间本身却又像是个极其抽象的东西，从无一个人说得明白时间是个什么样子。时间并不单独存在。时间无形、无声、无色、无臭。要说明时间的存在，还得回过头来从事物去取证。从日月来去，从草木荣枯，从生命存亡找证据。正因为事事物物都可为时间作注解，时间本身反而被疏忽了。所以多数人提问到生命的意义和价值时，没有一个人敢说“生命的意义和价值，只是一堆时间”。

“前不见古人，后不见来者”，这是一个真正明白生命意义同价值的人所说的话，老先生说这话时心中的寂寞可知！能说这话的是个伟人，能理解这话的也不是个凡人。目前的活人，大家都记得这两句话，却只有那些从日光下牵入牢狱，或从牢狱中牵上刑场的倾心理想的人，最了解这两句话的意义。因为说这话的人生命的耗费，同懂这话的人生命的耗费，异途同归，完全是为事实皱眉，却胆敢对理想倾心。

他们的方法不同，他们的时代不同，他们的环境不同，他们的遭遇也不相同，相同的是他们的心，同样为人类向上向前而跳跃。

心路花语

时间是人最大的成本，同样也是每个人的资本和财富。时间对每个人都是公平的，给每个人的一天都是24 小时，1 440 分钟，从你来到这个世界的那天开始，它就陪伴着你过每一天，无论你是贫、是富、是贵、是贱，时间就从来没离开过你。珍惜它，你就拥有了它。

清贫 / 方志敏

◎ 作者简介

方志敏（1899—1935），无产阶级革命家、军事家。江西弋阳人。1924年加入中国共产党。创建赣东北革命根据地和中国工农红军第十军。曾任中共闽浙赣省委书记，赣东北省和闽浙赣省苏维埃政府主席等职。1935年在南昌英勇就义。遗著有《可爱的中国》等。

我从事革命斗争，已经十余年了。在这长期的奋斗中，我一向是过着朴素的生活，从没有奢侈过。经手的款项，总在数百万元，但为革命而筹集的金钱，是一点一滴地用之于革命事业。这在国民党的伟人们看来，颇似奇迹，或认为夸张，而矜持不苟，舍己为公，却是每个共产党员具备的美德。所以，如果有人问我身边有没有一些积蓄，那我可以告诉你一桩趣事：

就在我被俘的那一天——一个最不幸的日子，有两个国民党军的兵士，在树林中发现了我，而且猜到我是什么人的时候，他们满肚子热望在我身上搜出一千或八百大洋，或者搜出一些金镯金戒指一类的东西，发个意外之财。哪知道从我上身摸到下身，从袄领捏到袜底，除了一只时表和一支自来水笔之外，一个铜板都没有搜出。他们于是激怒起来了，猜疑我是把钱藏在哪里，不肯拿出来。他们之中有一个左手拿着一个木柄榴弹，右手拉出榴弹中的引线，双脚拉开一步，做出要抛掷的姿势，用凶恶的眼光盯住我，威吓地吼道：“赶快将钱拿出来，不然就是一炸弹，把你炸死去!”

“哼！你不要做出那难看的样子来吧！我确实一个铜板都没有存，想从我这里发洋财，是想错了。”我微笑着淡淡地说。

“你骗谁！像你当大官的人会没有钱!”拿榴弹的兵士不相信。

“绝不会没有钱的，一定是藏在哪里，我是老出门的，骗不得我。”另一个兵士一面说，一面弓着背重来一次将我的衣角裤裆过细的捏，总企望着有新的发现。

“你们要相信我的话，不要瞎忙吧！我不比你们国民党当官的，个个都有钱，我今天确实是一个铜板也没有，我们革命不是为着发财啦!”我再向他们解释。

等他们确知在我身上搜不出什么的时候，也就停手不搜了，又在我藏躲地方的周围，低头注目搜寻了一番，也毫无所得，他们是多么的失望啊！那个持弹欲放的兵士，也将拉着的引线，仍旧塞进榴弹的木柄里，转过来抢夺我的表和水笔。彼此说定表和笔卖出钱来平分，才算无话。他们用怀疑而又惊异的目光，对我自上而下地望了几遍，就同声命令地说："走吧！"

是不是还要问问我家里有没有一些财产？请等一下，让我想一想，啊，记起来了，有的有的，但不算多。去年暑天我穿的几套旧的汗褂裤，与几双缝上底的线袜，已交给我的妻放在深山坞里保藏着——怕国民党军进攻时，被人抢了去，准备今年暑天拿出来再穿，那些就算是我唯一的财产了。但我说出那几件"传世宝"来，岂不要叫那些富翁们齿冷三天?!

清贫，洁白朴素的生活，正是我们革命者能够战胜许多困难的地方！

心路花语

一位经手数百万元的中国共产党的高级将领，所有的财产只有一支笔，一个怀表，几双缝上底的汗袜与几套旧的汗褂裤！这样的清贫的确是难能可贵的。往往有人以为清贫就是穷，可事实上不然。穷是一种生活现状，穷往往代表着消极，低迷。可是清贫是一种高尚的品质，是一种人格的操守。

生存的理由 / 章乃器

◎ 作者简介

章乃器（1897—1977），又名章埏，字金烽，浙江青田人。浙江甲种商业学校毕业。1945 年参与发起中国民主建国会。新中国成立后，历任粮食部长、中央财委委员、全国政协常委、全国工商联副主任委员等。著作有《章乃器论文选》、《章乃器文集》等。

犹子先生的来信。

乃器先生：

"人们为什么要求生存"？这是我请求先生于《新评论》上解答的一个疑问。

我所以这样问，最简单地说，因为我觉得：随着"生存"就脱不了烦恼。那么与其在烦恼中求生存，何如不识不知地"死"了！

我也知道，对于这个问题，各人有各个不同的见解。但是，眼见世界上的人，不管是老的，少的，幸福的，苦恼的，都一致地在求生存——极少数自杀者遂被视为懦弱、痴呆……这其中一定有几个或者一个缘故。我就是不明是什么缘故！先生是极明晰而诚挚的人，我想一定能给我圆满解答。请先接受我对先生的谢忱！

犹子先生这个问题，绝对不是他个人的问题，而是目下多数青年所共有的问题。不但是目下的问题，而且是一向认为很重要的哲学上的问题——人生观。

不学无术的我，肚皮里实在搬不出许多哲学家的学说：固然也晓得有书可抄，然而又觉得不屑。好在，凡是一个稍微具有理性的人，倘使生存着，他总有一个人生观。人生观是平民们也可能有的，并不一定是大学校里的贵族们的专有品。现在我就写出我所研究出来的一般人生观。

在消极的方面，人是为不愿死而生的。我们自从有了知识，自然就给我们一张彩票，这张彩票是天天开彩的，一直到人死为止。我们自从接受这张彩票以后，便今天希望明天得彩，明天希望后天得彩……这样一天天希望下去了。你说没有得彩的希望呢，它——自然——也许偶然给你中一个小彩，而且使你明明白白地晓得，别人在中大彩。手里拿着了这么一张彩票，当然不肯放手去死：在等候大彩临头而不肯去死的时间内，当然只有设法维持自己的生活。

这种“等命运”的人生观，当然是太消极了，可是，大多数人，的确是这样等待地过了一生的。而且，不论什么人，多少总有一些这种消极的人生观做基础。不过不专诚在“等待”上做工夫罢了。

在积极的方面，人是为求人生的兴趣而生的。所谓“人生的兴趣”，范围实在太广泛了。然而归纳起来，不过两种：第一是个性的发展，第二是人类的同情。

当然，一个人有种种的本能，然而有些人富于某种本能，而有些人富于别种本能。这本能的成分的不同，构成人们不同的个性。所谓个性的发展，就是使自己所有的特富的本能，能够充分地施用出来的意义。个性的发展的兴趣，在艺术家最为显著。画家作画的时候，一笔一笔地添上去，成了一张得意的作品，自己就觉得有无限的兴趣，并不需要别人的赞美。弈棋的人，并不希望报酬，也能有很浓的兴趣。事业家经营事业，倘使目的只在捞钱聚财，便成了没有意义的笨事，要像弈棋者一样将其视为消遣斗智的活动，然后才能得到乐趣。史载范蠡聚财散财的故事，何等痛快?

人类的同情，当然也是一件有兴趣的事。我可以说：人们发展个性的时候，往往已经带着求人类的同情的愿望。

以上是概念，以下归到犹子先生的问题。

烦恼是快乐的来源。遇到一件难以解决的事，的确是令人烦恼的；可是，一旦想出一个巧妙的解决的方法，我们就感到得意而快乐了。所以，遇到烦恼的时候，我们万万不可垂头丧气，我们要鼓一鼓勇气去找躲在那烦恼的后面的快乐——我们要解决那个困难。固然，有许多困难不是一朝一夕就能解决的。我们只认定那困难的后面有个快乐在，我们只是一步一步向解决的路上走过去，我们虽在走的时候耐点艰苦，然而心中已经存着无限的兴趣。

再说得实际点：目下青年们的困难问题，不外自身的生活问题，事业问题，和眼前的社会问题，这些都不是绝望的。说到生活问题，我要说：青年们绝不至于饿死。倘使一个受教育的青年都要饿死，那没受过教育的更当怎样？何况能受教育的青年多数还属于小资产阶级呢。

青年要感到生活问题的绝望，那就因为他还没有革命的精神。他还没有勇气脱下高贵的长衫或者西服，他还维持他在社会的偶像的地位。一面要革命，而一面自己先不能革命；这样矛盾的情绪，自然要感到极端的困难；有这样矛盾的方策，自然要失败。

青年要感到事业问题的绝望，是因为他的英雄思想的浓厚。“流芳百世”、“名垂青史”，是他们心目中的所谓“成功”。倘使一旦感觉到“名垂青史”的绝望，那么，那个人生就算没有意义了。而他们的事业的途径，只有政治一端，所以格外容易绝望。我可以说：他们的心中，都还满储着偶像的思想——要做大人物。倘使他们能把事业的意义，改做“个性的发展”，就自然会兴趣横生而不至于绝望了。

青年要对社会问题绝望，是因为他没有认识社会的情况。当然，青年们所痛恶的，是社会上腐旧的势力。然而那腐旧的势力，是多么脆弱呀！倘使加以有组织的攻击，真如摧枯拉朽，毫不费力。不过现在一般青年的对付的方法，实在太不聪明了。青年们只远远地立着，视旧社会如异类，一切不加研究，不加干涉。这样，旧社会自然不会崩溃。是要青年人只身冲锋进去，对于旧社会的一切，加以深刻的研究，然后存优汰劣，在旧社会的原址上建立新社会。我们试看：旧社会哪一件东西经得起科学的分析？这种脆弱的情形，连旧社会里面的人都明白了。只要有适宜的方法，就不致有很大的抵抗，而欢迎的人也多着呢！所以，我劝青年们准备着脱下高贵的服装，抛弃英雄思想，到社会里去。“到民间去”，就是叫你到社会里去，叫你“入世”，而并不一定要到乡村里去。社会是到处有的呀！

生在中国的社会里，有点科学知识的青年实在是天之骄子呀！在一百个人中间，受教育的只有六七个人，只要这六七个人肯在社会服务，到处都是服务的机会，到处可以发展自己的本能。在科学发达的国家，社会上人才如鲫，哪里有这般容易？所以我以为在中国能读几年书的青年，都是十分福气的，他已经是社会中数一数二的人才！只有读不起书的穷人，那才真苦呢！目下有知识的青年，还要自暴自弃，那真才是不会做人！科学万能，有科学的知识，便可以支配无科学知识的社会。倘使支配不了，那就得先求诸己。处在可以支配社会的地位，而不行使其支配权，那还不是不会做人？所以我高呼：有知识的青年分子快起来！去建造你们理想的新社会！

心路花语

生存，一个简单的名词，仅仅十画就可以写完，但这十画却有着极其深刻的含义。也许有些人一生都无法悟出。“活着，生存着，在岁月与尘世间行走、邂逅或寻找着”，如果说这是我们每个人的现实宿命，无可回避的话，那么，又有多少人认真思考过它形而上的价值主题：我们究竟应以怎样明确与适宜得体的形式充盈这个生命的符号、这个生命的躯体实形？是茫然跟随时代的“意识主流”？还是以个性的、个体化的“价值闪电”的方式，哪怕它特立独行、惊世骇俗？

幽默的叫卖声 / 夏丏尊

◎ 作者简介

夏丏尊（1886—1946），浙江上虞人，名铸，字勉旃，后改字尊，号闷庵，散文家、语文学家、翻译家。1904 年赴日本宏文书院、东京高等工业学堂留学，后因经济原因提前归国，在杭州浙江两级师范学堂任职，潘天寿、丰子恺等都是他的得意学生。1924 年，在宁波浙江省立第四中学任教，1925 年与朱自清在上海发起立达学会，创办立达学园，并创《立达季刊》。1936 年，他当选为中国文艺家协会理事、主席。1937 年创办《月报》杂志，并担任上海文化界救亡协会机关报《救亡日报》编委。1945 年 11 月，他被选为中华全国文艺家协会上海分会理事。1946 年 4 月 23 日卒于上海，葬于白马湖畔。

住在都市里，从早到晚，从晚到早，不知要听到多少种类多少次数的叫卖声。深巷的卖花声是曾经入过诗的，当然富于诗趣，可惜我们现在实际上已不大听到。寒夜的“茶叶蛋”、“细沙粽子”、“莲心粥”等等，声音发沙，十之七八似乎是“老枪”的喉咙，困在床上听去颇有些凄清。每种叫卖声，差不多都有着特殊的情调。

我在这许多叫卖者中，发现了两种幽默家。

一种是卖臭豆腐干的。每日下午五六点钟，弄堂日常有臭豆腐干担歇着或是走着叫卖，担子的一头是油锅，油锅里现炸着臭豆腐干，气味臭得难闻。卖的人大叫“臭豆腐干！”“臭豆腐干！”态度自若。

我以为这很有意思。“说真方，卖假药”，“挂羊头，卖狗肉”，是世间一般的毛病，以香相号召的东西，实际往往是臭的。卖臭豆腐干的居然不欺骗大众，自叫“臭豆腐干”，把“臭”作为口号标语，实际的货色真是臭的。言行一致，名副其实，如此不欺骗别人的事情，怕世间再也找不出了吧！我想。

“臭豆腐干！”这呼声在欺诈横行的现世，俨然是一种愤世嫉俗的激越的讽刺！还有一种是五云日升楼卖报者的叫卖声。那里的买报的和别处不同，没有十多岁的孩子，都是些三四十岁的老枪瘪三，身子瘦得像腊鸭，深深的乱头发，青屑屑的烟脸，看去活像个鬼。早晨是不看见他们的，他们卖的总是夜报。傍晚坐电车打那儿经过，就会听到一片发沙的卖报声。

他们所卖的似乎都是两个铜板的东西，如《新夜报》、《时报号外》之类。叫卖的方法很特别，他们不叫“刚刚出版报”，却把价目和重要新闻标题联在一起，叫起来的时候，老是用“两个铜板”打头，下面接着“要看到”三个字，再下去是当日的重要的国家大事的题目，再下去是一个“哪”字。“两个铜板要看到十九路军反抗中央哪！”在福建事变起来的时候，他们就这样叫。“两个铜板要看到日本副领事在南京失踪哪！”藏本事件开始的时候，他们就这样叫。

在他们的叫声里任何国家大事都只要花两个铜板就可以看到，似乎任何国家大事都只值两个铜板的样子。我每次听到，总深深地感到冷酷的滑稽情味。

“臭豆腐干！”“两个铜板要看到×哪！”这两种叫卖者颇有幽默家的风格。前者似乎富于热情，像个骄世的君子，后者似乎鄙夷一切，像个玩世的隐士。

心路花语

叫卖实际是一种古老的广告，而这种广告里则包含着许多人情世故，也就是说，它也是建立在对生活的经验和对世态人心的认识上。在这篇从寻常见惯的事情里发出感慨的小杂文里，我们看到的却是我们习以为常而实际上却并不可敬爱的事实：谎言在我们的世界里无处不在而且被我们所习惯，习惯之后就成为一种世道人心，成为一种民族的心理习惯，一种恶劣到瓦解人与人之间真诚友善的积习。在谎言不被人指责，反而被习惯地接纳后，则真实的话就成了一种冷酷的讽刺，足以刺破我们的耳膜。

钱和苦恼 / 农妇

◎ 作者简介

农妇，本名孙淡宁。原籍湖南长沙。海外知名的国际问题专家和散文作者。抗战时期毕业于复旦大学新闻系，随即从军抗日并负过伤。1951 年赴香港，一直从事新闻工作和在大学新闻系执教。著有散文集《锄头集》、《水车集》、《犁耙集》等。

有人问农妇：“你时常谈钱，是不是很想钱？”

这一问，问得离奇，此时此地，不想钱的人，脑子必然有毛病，农妇虽然愚蠢，倒还不致愚蠢到连钱的好处都不明白。

渐进地，一年一年地、一月一月地、一日一日地、一时一时地、一分一分地、一秒一秒地渐进，犹如从坡度极缓的长远的坡上走下来，使人不察其递降的痕迹，不见其各阶段的境界，而似乎觉得常在同样的地位，恒久不变，又无时不有生的意趣与价值，于是人生就被确实肯定而圆滑进行了。假使人生的进行不像山坡而像钢琴的键板，由 do 忽然移到 re，即如昨夜的孩子今朝忽然变成青年；或者像旋律“接离进行”地由 do 忽然跳到 mi，即如朝如青年而夕暮忽成老人，人一定要惊讶、感慨、悲伤，或痛感人生的无常，而不乐为人了。故可知人生是由“渐”维持的。这在女人恐怕尤为必要：歌剧中，舞台上的如花的美女，就是将来火炉旁边的老婆子。这句话，骤听使人不能相信，少女也不肯承认，实则现在的老婆子都是由如花的少女“渐渐”变成的。

人之能堪受境遇的变衰，也全靠这“渐”的助力。巨富的纨绔子弟因屡次破产而“渐渐”倾家荡产，变为贫者；贫者只得做佣工，佣工往往变成奴隶，奴隶容易变成无赖，无赖与乞丐相去甚近，乞丐不妨做偷儿……这样的例子，在小说中，在实际上，均多得很。因为其变衰是延长为十年二十年而一步一步地“渐渐”地达到的，在本人不感到什么强烈的刺激，故虽到了饥寒病苦、刑笞交迫的地步，仍是熙熙然贪恋着目前的生的欢喜。假如一位千金之子忽然变成了乞丐或偷儿，这人一定愤不欲生了。

这真是大自然的神秘的原则，造物主的微妙的工夫！阴阳潜移，春秋代序，以及物类的衰荣生杀，无不暗合于这法则。由萌芽的春“渐渐”变成绿荫的夏，由凋零的秋“渐渐”变成枯寂的冬。我们虽已经历数十寒暑，但在围炉拥衾的冬夜仍是难于想象饮冰挥扇的夏日的心情，反之亦然。然而由冬一日一日地、一时一时地、一分一分地、一秒一秒地移向夏，由夏一日一日地、一时一时地、一分一分地、一秒一秒地移向冬，其间实在没有显著的痕迹可寻。昼夜也是如此：傍晚坐在窗下看书，书页上“渐渐”地黑起来，倘不断地看下去（目力能因了光的渐弱而渐渐加强），几乎可以永远认识书上的字迹，即不觉昼之已变为夜。黎明凭窗，不瞬目地注视东天，也不辨自夜向昼推进的痕迹。儿女渐渐长大起来，在朝夕相见的父母全不觉得，难得见面的远亲就相见不相识了。往年除夕，我们曾在红蜡烛底下守候水仙花的开放，真是痴态！倘水仙花果真当面开放给我们看，便是大自然的原则的破坏，宇宙的根本的摇动，世界人类的末日临到了！

“渐”的作用，就是用每步相差极微极缓的方法来隐蔽时间的过去与事物的变迁的痕迹，使人误以为其恒久不变。这真是造物主骗人的一大诡计！这有一件比喻的故事：某农夫每天早晨抱了犊而跳过一沟，到田间劳作，夕暮又抱了它跳过沟回家。每日如此，未尝间断。过了一年，犊已渐大、渐重，差不多变成大牛，但农夫全不觉得，仍是抱了它跳沟。有一天他因事停止工作，次日再就不能抱了这牛而跳沟了。造物的骗人，使人流连于其每日每时的生的欢喜而不觉其变迁与辛苦，就是用这个方法的。人们每日在抱了日重一日的牛而跳沟，不准停止。自己误以为是不变的，其实每日在增加其苦劳！

我觉得时辰钟是人生最好的象征了。时辰钟的针，平常一看总觉得是“不动”的；其实人造物中最常动的莫过于时辰钟的针了。日常生活中的人生也如此，刻刻觉得我是我，似乎这“我”是永远不变，实则与时辰钟的针一样的无常！一息尚存，总觉得我仍是我，我没有变，还是流连着我的生，可怜是受尽“渐”的欺骗！

“渐”的本质是“时间”。时间我觉得比空间更为不可思议，犹之时间艺术的音乐比空间艺术的绘画更为神秘。因为空间姑且不追究它如何广大或无限，我们总可以把握其一端、认定其一点。时间则全然无从把握、不可挽留，只有过去与未来在渺茫之中不绝地相追逐而已。性质上既已渺茫不可思议，分量上在人生也似乎太多。因为一般人对于时间的悟性，似乎只够支配搭船乘车的短时间；对于百年的长期间的寿命，他们不能胜任，往往迷于局部而不能顾及全体。试看乘火车的旅客中，常有明达的人，有的宁可牺牲暂时的安乐而让其座位于老弱者，以求心的太平（或博暂时的美誉）；有的见众人争先下车，而退在后面，或高呼："勿要轧，总有得下去的！""大家都要下去的！"然而在乘"社会"或"世界"的大火车的"人生"的长期的旅途中，就少有这样的明达之人。所以我觉得百年的寿命，定得太长。像现在的世界上的人，倘定他们搭船乘车的期间的寿命，也许在人类社会上可减少许多凶险残惨的斗争，而与火车中一样的谦让、和平，也未可知。

然人类中也有几个能胜任百年的或千古的寿命的人，那是"大人格"、"大人生"。他们能不为"渐"所迷，不为造物所欺，而收缩无限的时间并空间于方寸的心中。故佛家能纳须弥于芥子。中国古诗人说："蜗牛角上争何事？石火光中寄此生。"英国诗人也说："一粒沙里见世界，一朵花里见天国；手掌里盛住无限，一刹那便是永劫。"

心路花语

回首自己的人生历程，容颜渐渐变老，生命缓缓流逝，因此常常有一种“红颜弹指老，刹那芳华尽”般的怅然若失。丰子恺在质朴淡然的字里行间告诉我们，在人生这趟列车上，每个人如果能做到明达谦让、与人为善、淡泊宁静，那么生命便会多一份达观与舒畅、多一份愉悦与安乐。如此，无限的时间和空间就能掌握于方寸的心中，指尖的刹那亦可化为永恒。

本文风格雅静，情感深挚，内涵深远，净化情操，让你在日常生活中显出高远境界，悟出人生真谛。

论快乐 / 钱钟书

◎ 作者简介

钱钟书（1910—1998），原名仰先，字哲良，又字默存，号槐聚，曾用笔名中书君，中国现代著名作家、文学研究家。代表作品有《围城》、《管锥编》、《谈艺录》、《写在人生边上》、《人·兽·鬼》。书评家夏志清先生认为小说《围城》是“中国近代文学中最有趣、最用心经营的小说，可能是最伟大的一部”。钱钟书在文学、国故、比较文学、文化批评等领域的成就，推崇者甚至冠以“钱学”。

在旧书铺里买回来维尼（Vigny）的《诗人日记》（Journald´unpote），信手翻开，就看见有趣的一条。他说，在法语里，喜乐（bonheur）一个名词是“好”和“钟点”两字拼成，可见好事多磨，只是个把钟头的玩意儿。我们联想到我们本国话的说法，也同样的意味深长，譬如快活或快乐的快字，就把人生一切乐事的飘瞥难留，极清楚地指示出来。所以我们又慨叹说：“欢娱嫌夜短!”因为人在高兴的时候，活得太快，一到困苦无聊，愈觉得日脚像跛了似的，走得特别慢。德语的沉闷（Langweile）一字，据字面上直译，就是“长时间”的意思。《西游记》里小猴子对孙行者说：“天上一日，下界一年。”这种神话，确反映着人类的心理。天上比人间舒服欢乐，所以神仙活得快，人间一年在天上只当一日过。从此类推，地狱里比人间更痛苦，日子一定愈加难度；段成式《酉阳杂俎》就说：“鬼言三年，人间三日。”嫌人生短促的人，真是最“快活”的人；反过来说，真快活的人，不管活到多少岁死，只能算是短命夭折。所以，做神仙也并不值得，在凡间已经三十年做了一世的人，在天上还是个未满月的小孩。但是这种“天算”，也有占便宜的地方：譬如戴君孚《广异记》载崔参军捉狐妖，“以桃枝决五下”，长孙无忌说罚得太轻，崔答：“五下是人间五百下，殊非小刑。”可见卖老祝寿等等，在地上最为相宜，而刑罚呢，应该到天上去受。

“永远快乐”这句话，不但渺茫得不能实现，并且荒谬得不能成立。快乐的绝不会永久，我们说永远快乐，正好像说四方的圆形，静止的动作同样地自相矛盾。在高兴的时候，我们空对瞬息即逝的时间喊着说：“逗留一会儿罢！你太美了！”那有什么用？你要永久，你该向痛苦里去找。不讲别的，只要一个失眠的晚上，或者有约不来的下午，或者一课沉闷的听讲——这许多，比一切宗教信仰更有效力，能使你尝到什么叫做“永生”的滋味。人生的刺，就在这里，留恋着不肯快走的，偏是你所不留恋的东西。

快乐在人生里，好比引诱小孩子吃药的方糖，更像跑狗场里引诱狗赛跑的电兔子。几分钟或者几天的快乐赚我们活了一世，忍受着许多痛苦。我们希望它来，希望它留，希望它再来——这三句话概括了整个人类努力的历史。在我们追求和等候的时候，生命又不知不觉地偷度过去。也许我们只是时间消费的筹码，活了一世不过是为那一世的岁月充当殉葬品，根本不会想到快乐。但是我们到死也不明白是上了当，我们还理想死后有个天堂，在那里——感谢上帝，也有这一天！我们终于享受到永远的快乐。你看，快乐的引诱，不仅像电兔子和方糖，使我们忍受了人生，而且仿佛钓钩上的鱼饵，竟使我们甘心去死。这样说来，人生虽痛苦，却不悲观，因为它终抱着快乐的希望；现在的账，我们预支了将来去付。为了快活，我们甚至于愿意慢死。

穆勒曾把“痛苦的苏格拉底”和“快乐的猪”比较。假使猪真知道快活，那么猪和苏格拉底也相去无几了。猪是否能快乐得像人，我们不知道；但是人会容易满足得像猪，我们是常看见的。

把快乐分成肉体的和精神的两种，这是最糊涂的分析。一切快乐的享受都属于精神的，尽管快乐的原因是肉体上的物质刺激。小孩子初生了下来，吃饱了奶就乖乖地睡，并不知道什么是快活，虽然他身体感觉舒服。缘故是小孩子时的精神和肉体还没有分化，只是混沌的星云状态。洗一个澡，看一朵花，吃一顿饭，假使你觉得快活，并非全因为澡洗得干净，花开得好，或者菜合你口味，主要因为你心上没有挂碍，轻松的灵魂可以专注肉体的感觉，来欣赏，来审定。要是你精神不痛快，像将离别时的宴席，随它怎样烹调得好，吃来只是土气息，泥滋味。那时刻的灵魂，仿佛害病的眼怕见阳光，撕去皮的伤口怕接触空气，虽然空气和阳光都是好东西。快乐时的你一定心无愧怍。假如你犯罪而真觉快乐，你那时候一定和有道德、有修养的人同样心安理得。有最洁白的良心，跟全没有良心或有最漆黑的良心，效果是相等的。

发现了快乐由精神来决定，人类文化又进一步。发现这个道理，和发现是非善恶取决于公理而不取决于暴力一样重要。公理发现以后，从此世界上没有可被武力完全屈服的人。

发现了精神是一切快乐的根据，从此痛苦失掉它们的可怕，肉体减少了专制。精神的炼金术能使肉体痛苦都变成快乐的资料。于是，烧了房子，有庆贺的人；一箪食，一瓢饮，有不改其乐的人；千灾百难，有谈笑自若的人。所以我们前面说，人生虽不快乐，而仍能乐观。譬如从写《先知书》的所罗门直到做《海风》诗的马拉梅（Mallarmé），都觉得文明人的痛苦，是身体困倦。但是偏有人能苦中作乐，从病痛里滤出快活来，使健康的消失有种赔偿。苏东坡诗就说："因病得闲殊不恶，安心是药更无方。"王丹麓《今世说》也记毛稚黄善病，人以为忧，毛曰："病味亦佳，第不堪为燥热人道耳！"在着重体育的西洋，我们也可以找着同样达观的人。工愁善病的诺凡利斯（Novalis）在《碎金集》里建立一种病的哲学，说病是“教人学会休息的女教师”。罗登巴煦（Rodenbach）的诗集《禁锢的生活》（*Les Vies Encloses*）里有专咏病味的一卷，说病是“灵魂的洗涤（puration）”。身体结实、喜欢活动的人采用了这个观点，就对病痛也感到另有风味。顽健粗壮的18世纪德国诗人白洛柯斯（B. H. Brockes）第一次害病，觉得是一个“可惊异的大发现（Einebewunderungswrdige Erfindung）”。对于这种人，人生还有什么威胁？这种快乐，把忍受变为享受，是精神对于物质的最大胜利。灵魂可以自主——同时也许是自欺，能一贯抱这种态度的人，当然是大哲学家，但是谁知道他不也是个大傻子？

是的，这有点矛盾。矛盾是智慧的代价。这是人生对于人生观开的玩笑。

心路花语

钱老先生用浅显易懂的语言向我们阐述了快乐是由精神来决定的。他在文中这样写道：“穆勒曾把‘痛苦的苏格拉底’和‘快乐的猪’比较。假如猪真知道快活，那么猪和苏格拉底也相去无几了。猪是否能快乐得像人，我们不知道；但是人会容易满足得像猪，我们是常看见的。把快乐分成肉体的和精神的两种，这是最糊涂的分析。一切快乐的享受都属于精神的，尽管快乐的原因是肉体上的物质刺激。”快乐是对美好生活的追求和表露，快乐是一种修炼和欣赏，快乐是一份心境和渴望。

在这个愈来愈拥挤的世界里，只要我们对他人存有一颗宽容、厚爱的心，我们就能韬光养晦、宠辱不惊，生活的空间就会更加宽阔，心情会豁然开朗，自己就会拥有真正快乐的心情。

快乐 / 梁实秋

天下最快乐的事大概莫过于作皇帝。“首出庶物，万国咸宁。”至不济可以生杀予夺，为所欲为。至于后宫粉黛三千，御膳八珍罗列，更是不在话下。清乾隆皇帝，“称八旬之觞，镌十全之宝”，三下江南，附庸风雅。那副志得意满的神情，真是不能不令人兴起“大丈夫当如是也”的感喟。

在穷措大眼里，九五之尊，乐不可支。但是试问古今中外的皇帝于地下，问他们一生中是否全是快乐，答案恐怕相当复杂。

西班牙国王拉曼三世（Abder Rahman Ⅲ，960）

说过这么一段话：

我于胜利与和平之中统治全国约50年，为臣民所爱戴，为敌人所畏惧，为盟友所尊敬。财富与荣誉，权力与享受，呼之即来，人世间的福祉，从不缺乏。

在这情形之中，我曾勤加计算，我一生中纯粹的真正幸福日子，总共仅有14天。

御宇50年，仅得14天真正幸福日子。我相信他的话。宸谟睿略，日理万机，很可能不如闲云野鹤之怡然自得。

于此我又想起从一本英语教科书上读到的一篇寓言。题目是《一个快乐人的衬衫》。某国王，端居大内，抑郁寡欢，虽极耳目声色之娱，而王终不乐。左右纷纷献计，有一位大臣言道：如果在国内找到一位快乐的人，把他的衬衫脱下来，给国王穿上，国王就会快乐。王韪其言，于是使者四出寻找快乐的人。访遍了朝廷显要，朱门豪家，人人都有心事，家家都有一本难念的经，都不快乐。最后找到一位农夫，他耕罢在树下乘凉，裸着上身，大汗淋漓。使者问他："你快乐么？"农夫说："我自食其力，无忧无虑！快乐极了！"使者大喜，便索取他的衬衣。

农夫说："哎呀！我没有衬衣。"这位农夫颇似我们禅门之"一丝不挂"。

常言道，"境由心生"，又说"心本无生因境有"。总之，快乐是一种心理状态。内心泰然，则无往而不乐。吃饭睡觉，稀松平常之事，但是其中大有道理。大珠《顿悟入道要门论》："有源律师来问：'和尚修道，还用功否？'师曰：'用功。'曰：'如何用功？'师曰：'饥来吃饭，困来即眠。'曰：'一切人总如是，同师用功否？'师曰：'不同。'曰：'何故不同？'师曰：'他吃饭时不肯吃饭，百种须索，睡时不肯睡，千般计较。所以不同也。'律师杜口。"可是修行到心无挂碍，却不是容易事。我认识一位唯心论的学者，平素昌言意志自由，忽然被人绑架，系于暗室十有余日，备受凌辱，释出后他对我说："意志自由固然不诬，但是如今我才知道身体自由更为重要。"

常听人说烦恼即菩提，我们凡人遇到烦恼只是深感烦恼，不见菩提。

快乐是在心里，不假外求，求即往往不得，较为烦恼。

叔本华的哲学是：苦痛乃积极的实在的东西，幸福快乐乃消极的根本不存在的东西。所谓快乐幸福乃是解除苦痛之谓。没有苦痛便是幸福。再进一步看，没有苦痛在先，便没有幸福在后。梁任公（注：梁启超）先生曾说："人生最快乐的事，莫过于看着一件工作的完成。"在工作过程之中，有苦恼也有快乐，等到大功告成，那一份"如愿以偿"的快乐便是至高无上的幸福了。

有时候，只要把心胸敞开，快乐也会逼人而来。这个世界，这个人生，有其丑恶的一面，也有其光明的一面。

良辰美景，赏心乐事，随处皆是。智者乐水，仁者乐山。雨有雨的趣，晴有晴的妙。小鸟跳跃啄食，猫狗饱食酣睡，哪一样不令人看了觉得快乐？就是在路上，在商店里，在机关里，偶尔遇到一张笑容可掬的脸，能不令人快乐半天？有一回我住进了医院里，僵卧了十几天，病愈出院，刚迈出大门，陡见日丽中天，阳光普照，照得我睁不开眼，又见市廛熙攘，光怪陆离，我不由得从心里欢叫起来："好一个艳丽盛装的世界！"

"幸遇三杯酒美，况逢一朵花新？"我们应该快乐。

心路花语

快乐是一种心理状态，内心泰然，则无往而不乐。雕塑家罗丹说过："其实生活不是缺少美，而是缺少发现的眼睛。”

快乐也一样，它并非天外来客，只要你调整好了自己的心态与生活方式，就不必刻意地到处寻找快乐，快乐就在你自己身边，所以说，每一份快乐都源于自心，由心所造，正所谓“快乐是在心里，不假外求，求即往往不得”。